Hans-Jürgen Döpp

„Die Schizophrenie ist meine Fahne!“

Zum künstlerischen Werk von Martina Kügler

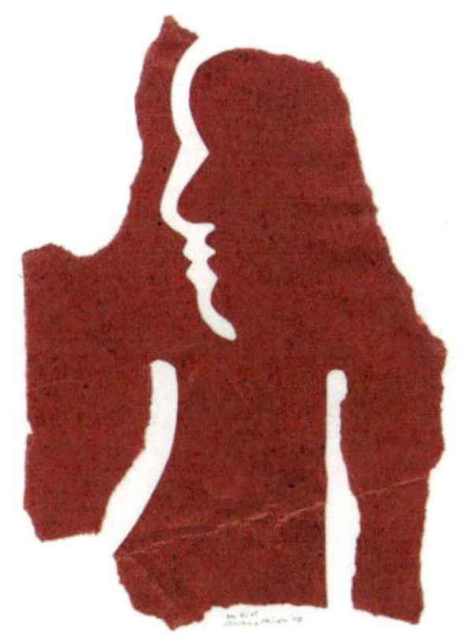

edition de l`œil

frankfurt am main 2019

Der Titel entstammt einem Gedicht von Martina Kügler.

Impressum:

Hans-Jürgen Döpp
Frankfurt am Main 2019
www.aspasia.de
ISBN 9-783749-406098
Herstellung und Verlag: BoD - Books on Demand, Norderstedt

Hans-Jürgen Döpp

„Die Schizophrenie ist meine Fahne“

Zum künstlerischen Werk von Martina Kügler

Vor allem Anfang war das Tohuwabohu, das Chaos. Die Schöpfung beginnt mit dem Nichts. Für den Künstler: das Nichts des weißen, leeren Blattes.
Wiederholt sich nicht in jeder künstlerischen Kreation der Schöpfungsakt? Wie der Gesang dem Geräusch, so entsteigt die Zeichnung dem Chaos einer „Gekritzels“. Der erste Strich auf dem Papier ist ein Akt der Zerstörung: der Zerstörung der Leere.
„Ich verzeichne das Papier“, bemerkte Martina Kügler zu ihrem Arbeitsprozess. Am Anfang war der willkürliche Strich, der die Leere vernichten soll. Das Nichts wird aufgeschreckt, attackiert von der Spur eines fremden Willens, und nur allzuleicht kann der Strich sich wieder ins Nichts verlieren.
Martina war zu allererst eine begnadete Zeichnerin.-
Eine zufällig aufs Papier gesetzte Linie ist es häufig, die den Ausgangs-„punkt“ für ihre Zeichnungen bildet: eine willkürliche Linie, die nichts als den Willen ausdrückt, sich gegen Chaos und Leere zu behaupten. „Ich zerstöre erst einmal das Blatt“, kommentierte Martina den Prozess ihres Zeichnens. Am Anfang steht ein negatorischer Akt: die Negation des Nichts.
Doch allmählich verdichten sich die Linien zur Figuration. Aus der anfänglichen Leere steigt eine Gestalt hervor: Ich und Nicht-Ich sind geschieden. Für die Dauer eines Augenblicks kann die gezeichnete Figur dem in seiner Einsamkeit schaffenden Künstler zum Gegenüber werden. „Wer Figuren zeichnet“, so Martina, „dem fehlt das Gegenüber“. Doch wer sich derart dessen bewusst ist, kann sich nichts vormachen. –
Richten wir unseren Blick auf die Künstlerin selbst:
Am 9. Dezember vor einem Jahr starb Martina Kügler im Alter von 72 Jahren. Geboren wurde sie in Schreiberhau in Schlesien. Ihren Vater

hatte sie kaum kennengelernt. Im Jahr ihrer Geburt floh die Mutter mit ihr in den Westen, wo sie in Frankfurt strandete. Also: früh schon am Beginn des Lebens, bekam ihre Welt einen Riss. Ihre akademische Ausbildung erhielt sie an der Städelschule in Frankfurt. Zuvor aber absolvierte sie eine Lehre als Farblithographien; hier erwarb sie die Akkuratesse ihrer Handschrift. In den 70er-Jahren, schon während ihrer Ausbildungszeit an der Städelschule, brachte sie einige Aufenthalte in der Psychiatrie hinter sich; ihre erste Zwangseinweisung erfolgte im Jahr 1967. In der nachfolgenden Zeit lebte sie zusammen mit ihrer Mutter, die im Jahre 2002 starb. Seitdem lebte sie alleine. Sie lebte abgekapselt von der Welt, behielt aber Kontakt zu einigen wenigen Freunden. Zeichnen war ihr einziger Lebensinhalt. So entstand abseits, weitgehend im Verborgenen, ein ungeheures Werk: Wir schätzen die Anzahl der hinterlassenen Zeichnungen auf mehr als 30.000! Aber auch etwa 300 großformatige Gemälde schuf sie. Gelegentliche Ausstellungen gewährten nur einen kleinen Einblick in dieses eminente Werk. Allein die ungeheure Zahl ihrer Werke ist erklärungsbedürftig:

Martina zeichnete, als gälte es ihr Leben. Nein: sie zeichnete um ihr Leben! Ihr manisches Arbeiten folgte einer inneren Notwendigkeit. Romantisch gesagt: es wurde angetrieben von einer Seelennot.

In der Schizophrenie zerbricht die Welt, zerbricht das Ich. Hier bildet nun der Zeichenstift ein Zaubermittel, eine Demarkationslinie zwischen Innen- und Außenwelt zu errichten und das Chaos zu bannen. Sie zeichnet sich quasi den Zopf, mit dem sie sich selbst aus dem Sumpfe zieht.

Oft sind es mit dünnen, feinen Linien gezogene Zeichnungen, deren Poesie sich einer ungeheuren Abstraktion und Reduktion verdankt. Manche frühen Arbeiten lassen an Goldschmiede-Arbeiten denken: so winzig, als wollten sie wieder im Nichts verschwinden (Abb. 1, 2 u.3).

Doch dann wieder gilt der Kampf dem horror vacui: Es gibt filigrane Arbeiten, in denen jede noch so kleine Leerstelle mit Figuren, Figürchen vollgestopft wird (Abb.4 u. 5).

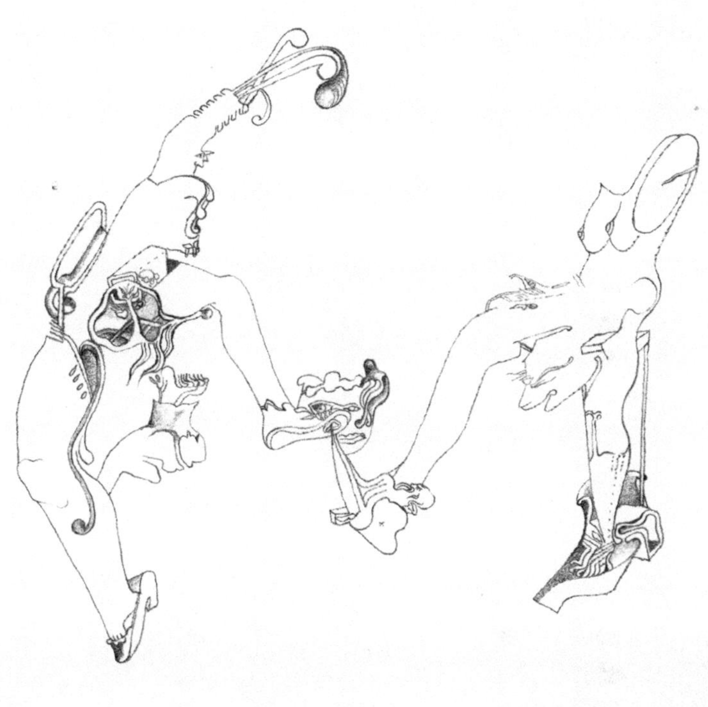

Abb.1: 1981 – 24 x 17 cm

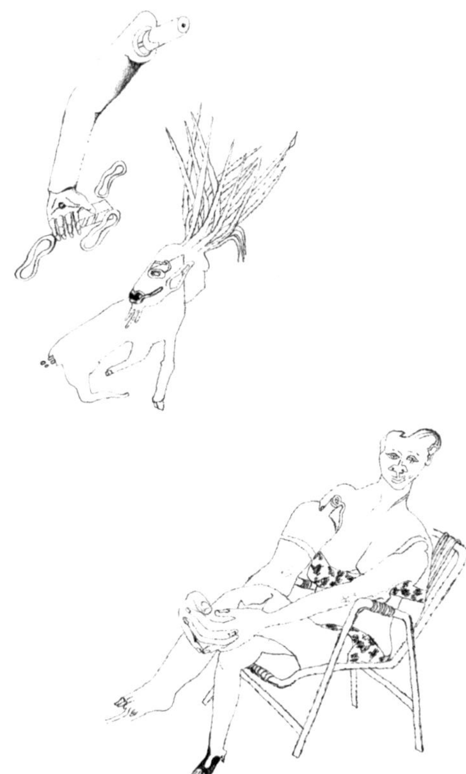

Abb.2: 1980 – 18x24 cm

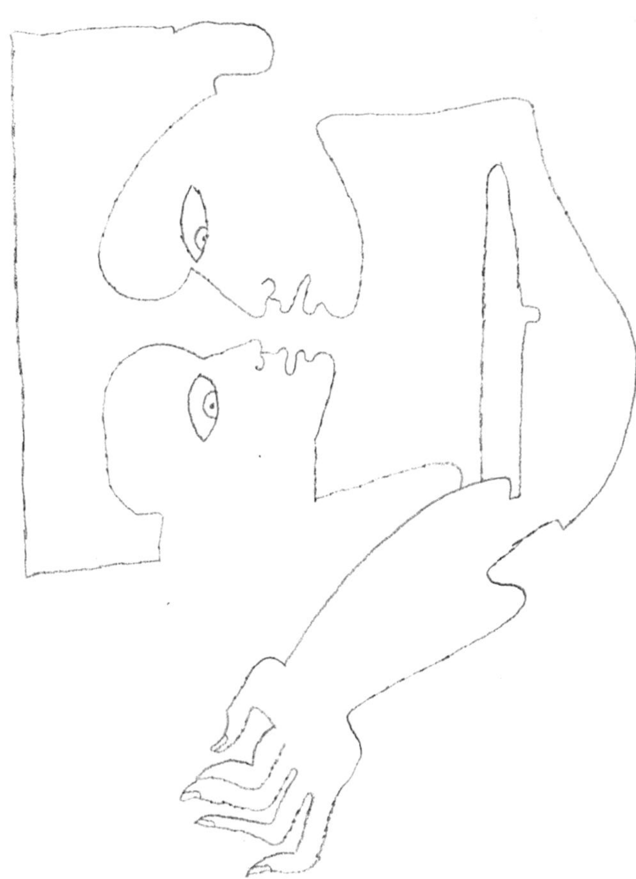

Abb.3: um 1975, 14 x 17 cm

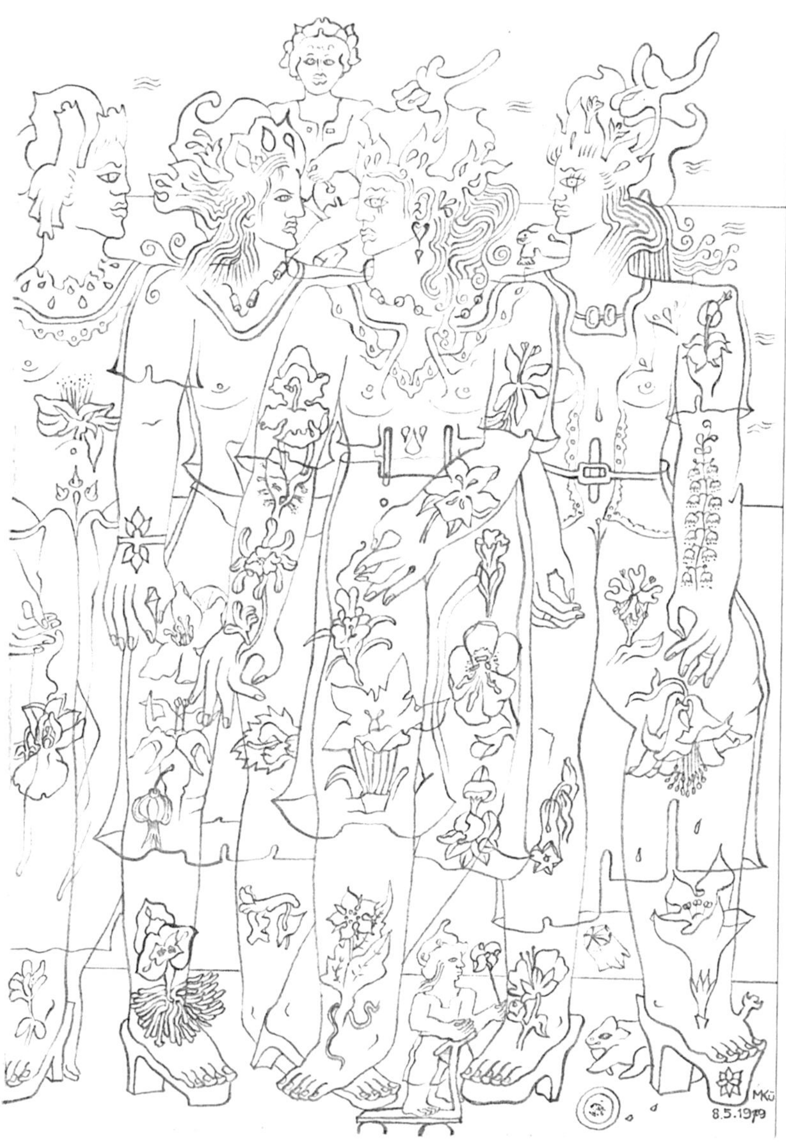

Abb. 04: 1979, 15 x 19 cm

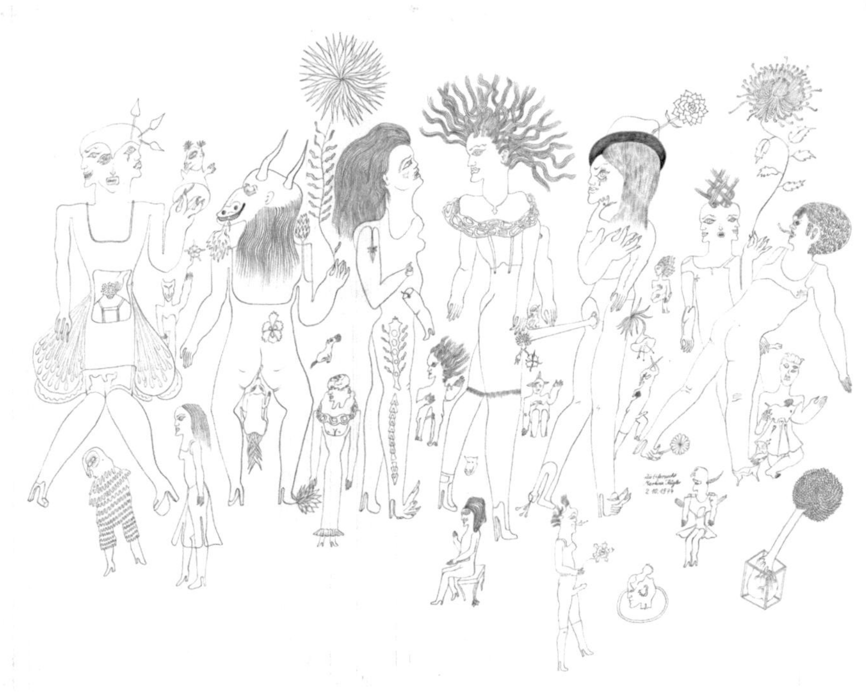

Abb. 05: 1975, 72 x 51 cm, „Die Eifersucht“

Und manchmal führt der Kampf gegen die Macht der Unordnung – erneut ins Chaotische, wie in dem Blatt Abb.06, auf dem ein Konglomerat biomorpher Formen zu einer monströsen Gestalt zusammenschmilzt, umgeben von einem Goldgrund, der die Kostbarkeit des Dargestellten betont: quasi die Sakralisierung eines Fetischs. Im Zentrum: ein gestiefelter Fuß, den wir entsprechend der Freud`schen Symbolik als phallisches Symbol verstehen dürfen. *(Man achte beiläufig auf die Füße und Schuhe der Gestalten: Häufig sind es klassische* Kothurnen, *Stiefel mit hoher Sohle, Attribute der Erhabenheit, wie sie im griechischen Theater getragen wurden: sie erheben die Gestalten über den Boden der Realität...* No ground control... (Abb. 7 u.8).

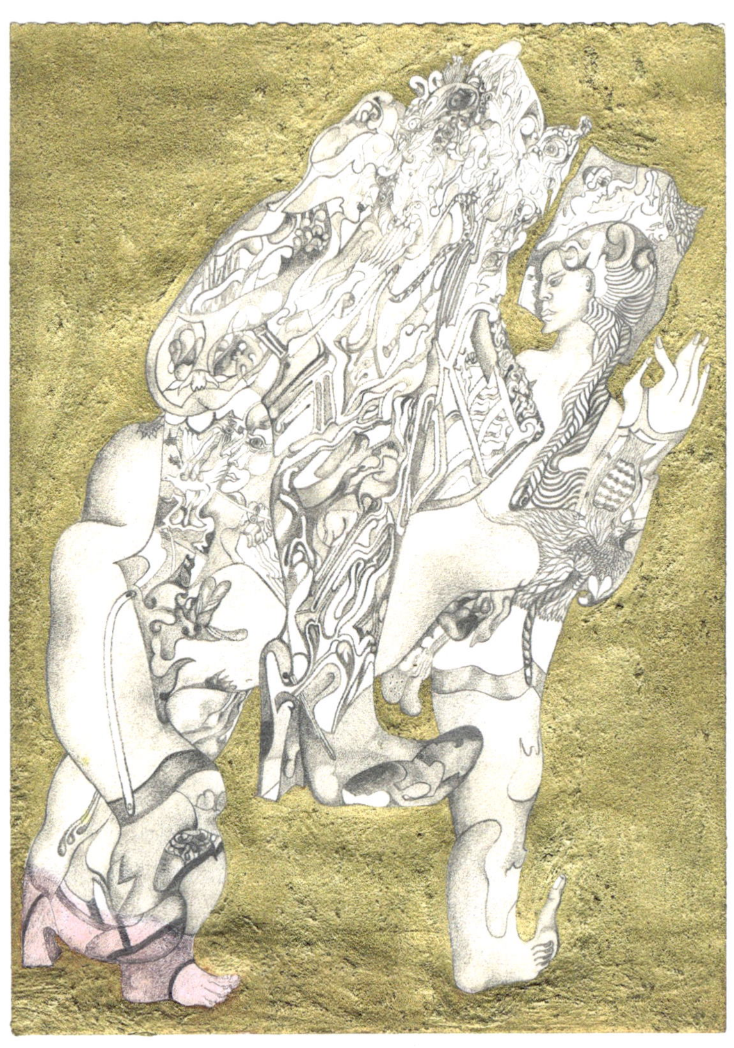

Abb.06: um 1979, 17 x 23 cm

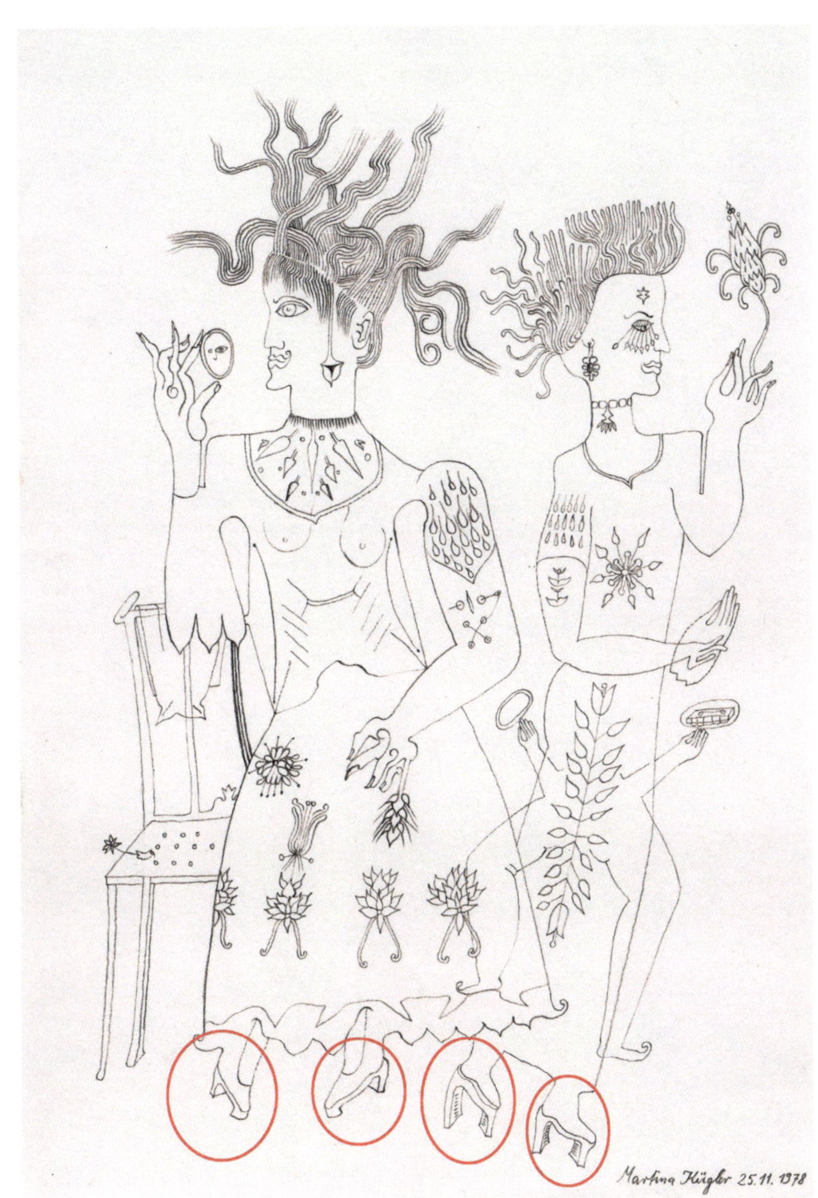

Abb. 07: 1978, 21,5 x 30 cm

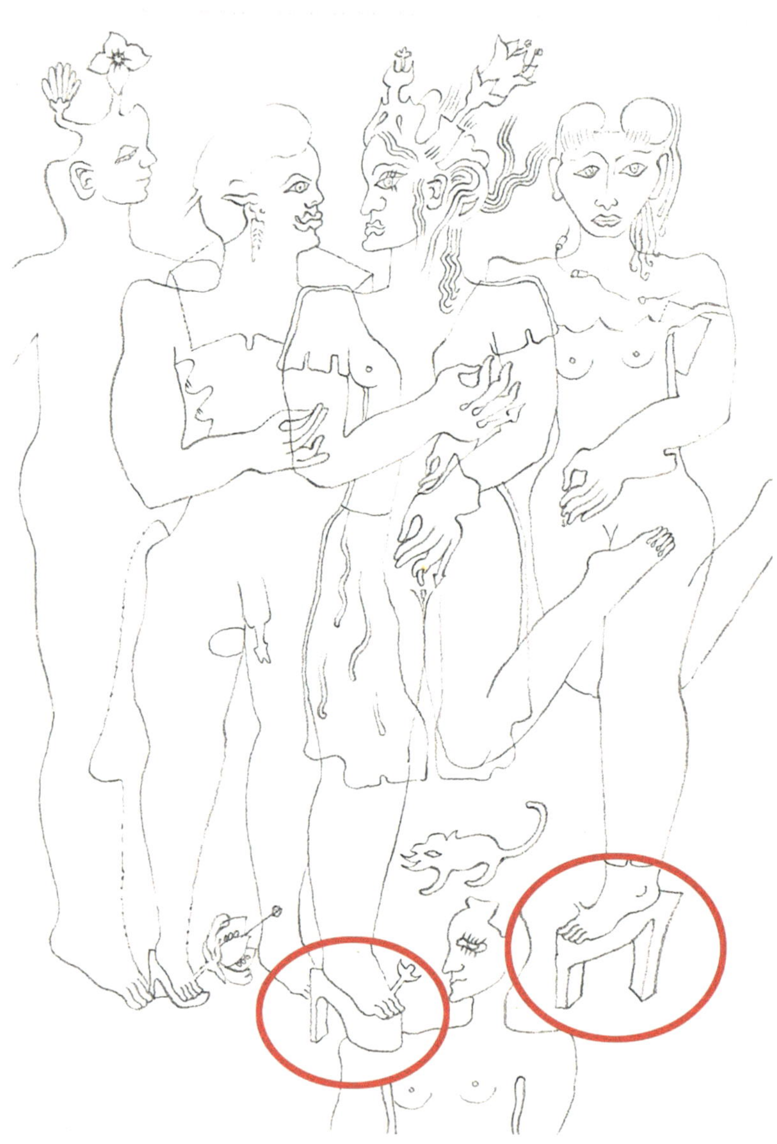

Abb. 08 : 1979, 17 x 23 cm

Oft sind es großäugige, ins Leere blickende, schattenlose Engel, die Martinas surreale Traumwelt bevölkern, Engel mit elektrostatisch aufgeladenen Haaren, die in einem Zwischenreich schweben, das keine Schwerkraft kennt (Abb.09 u.10)

Martina überlässt den Zeichenstift sich selbst, überträgt wie in Trance den Vollzug einer Zeichnung ganz der zeichnenden Hand. Wie im Delirium folgen die Linien Launen und Umwegen, wuchern und wandeln sich, verdichten sich zu körper- und schwerelos übers Papier schwebenden Figuren, die voneinander sich abgrenzen und doch miteinander in einem gleitenden Kontinuum verschmelzen. Gewichtlos und flüchtig sind die Figuren; nichts Festes bindet sie mehr. Es entstehen Fragmente eines prä-logischen Körpers, kaum in Alltagssprache zu übersetzen. Körperzonen, die vom Konkaven ins Konvexe umkippen (Abb. 11). Außen ist innen, weiblich ist männlich. Die Geschlechter irritieren, sind nicht auf zwei Pole festgelegt (Abb. 12). *(Eine unvermutete Aktualität erhalten diese Arbeiten durch die allgegenwärtige Gender-Debatte).* Oft sind Martinas Figuren von ägyptischer Steifigkeit (Abb. 13 a u. b).

Individuierung und Verschmelzung, Abgrenzung und Entgrenzung durchdringen sich. Dieses Spiel von Einssein und Getrenntsein ist aber auch das Spiel der Erotik: sie tremoliert als psychologische Hintergrunds-Musik durch Martinas gesamte Bilderwelt (Abb.14).

*****

Das Wunderbare ist, dass all diese Gegensätze sich in Martinas Arbeiten immer wieder zu einem formalen Gleichgewicht fügen. Dabei ist ihre Handschrift so unverwechselbar, dass ihr vielgestaltiges Werk eigentlich keiner Signatur bedarf.

Ist es für die Betrachtung von Martinas Werk bedeutsam zu wissen, dass die Künstlerin an Schizophrenie litt? Gewiss finden sich in ihrem Werk für die Schizophrenie typische Stilelemente, so wie die Psychiatrie sie auflistete. Wir sagten: In der Schizophrenie zerbricht die Welt, zerbricht das Ich. Die menschliche Gestalt verliert ihre naturalistische Form; die natürlichen Perspektiven des Raumes werden verzerrt. Es gibt Gestaltungs- bzw. Stilelemente, die angeblich bezeichnend seien für die „Kunst der Schizophrenen".

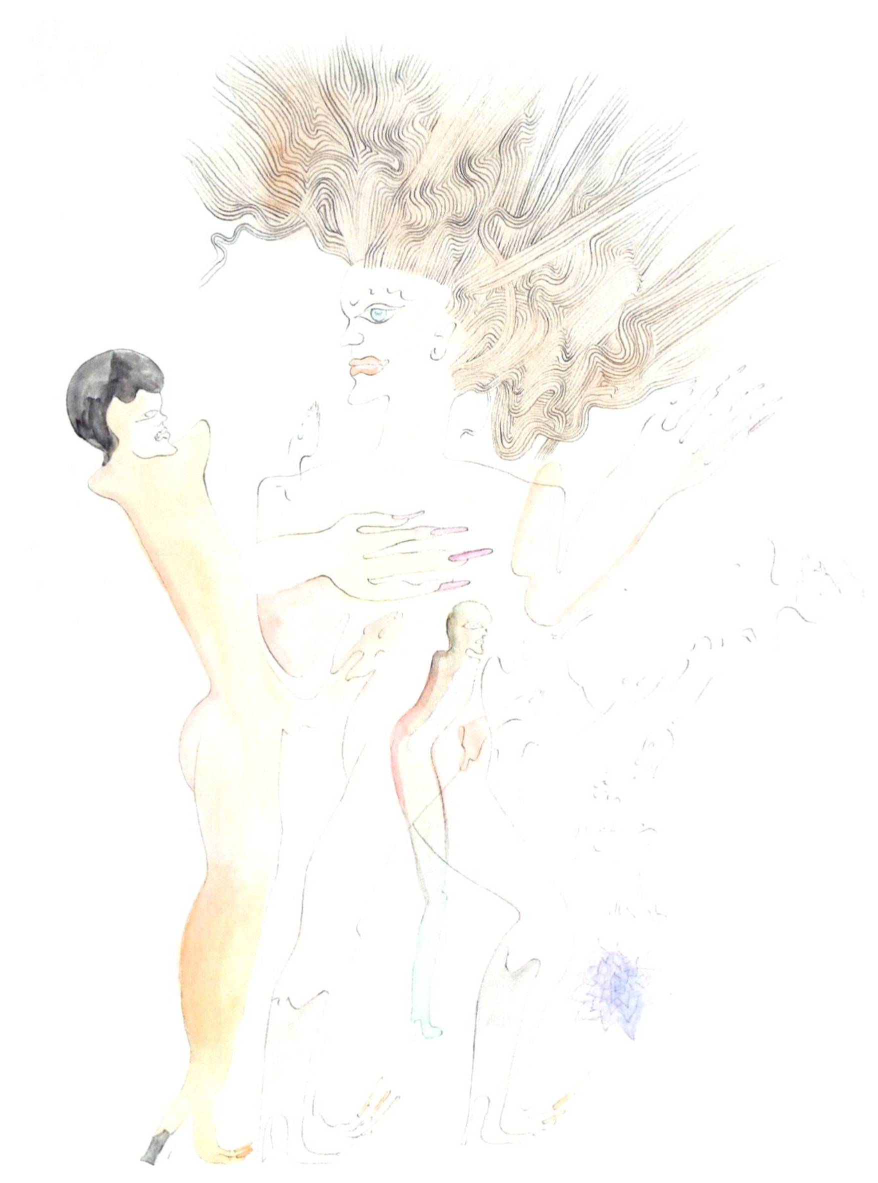

Abb.09: um 1980, 24 x 32,5 cm

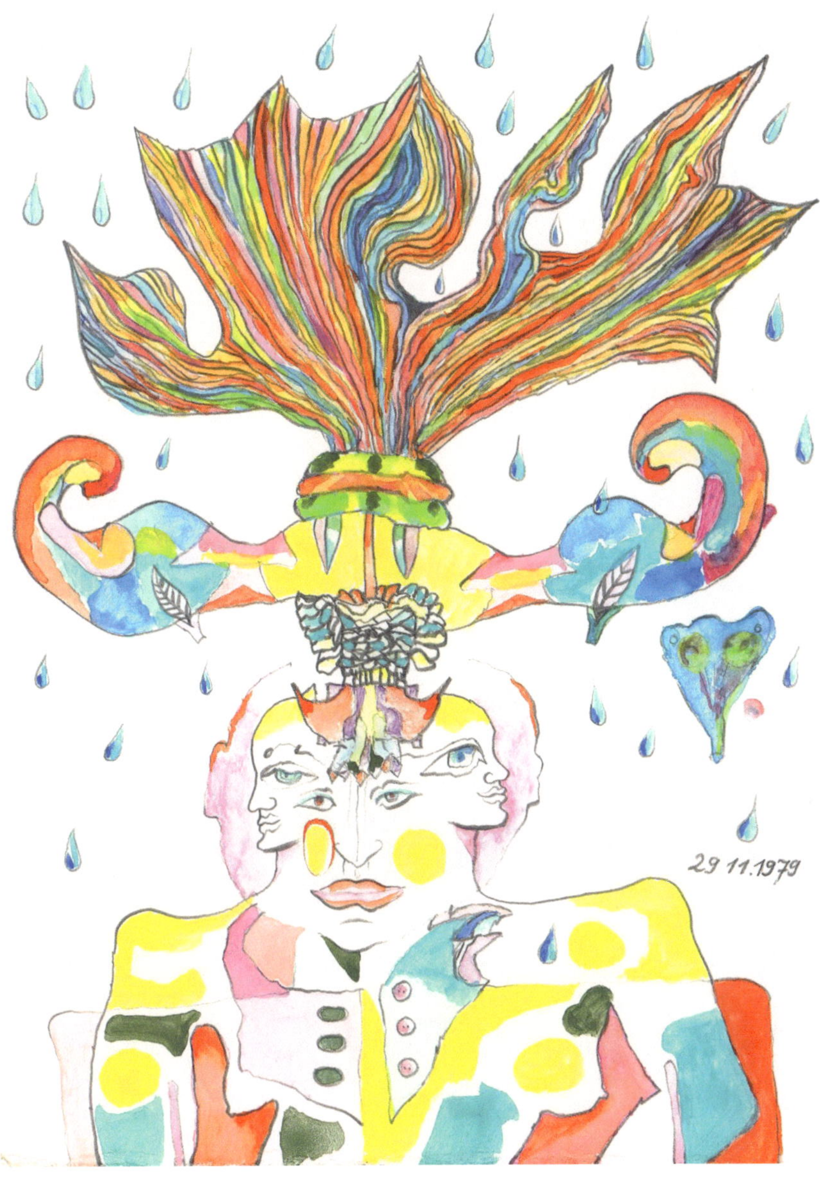

Abb.10: 1979, 12,5 x 16 cm

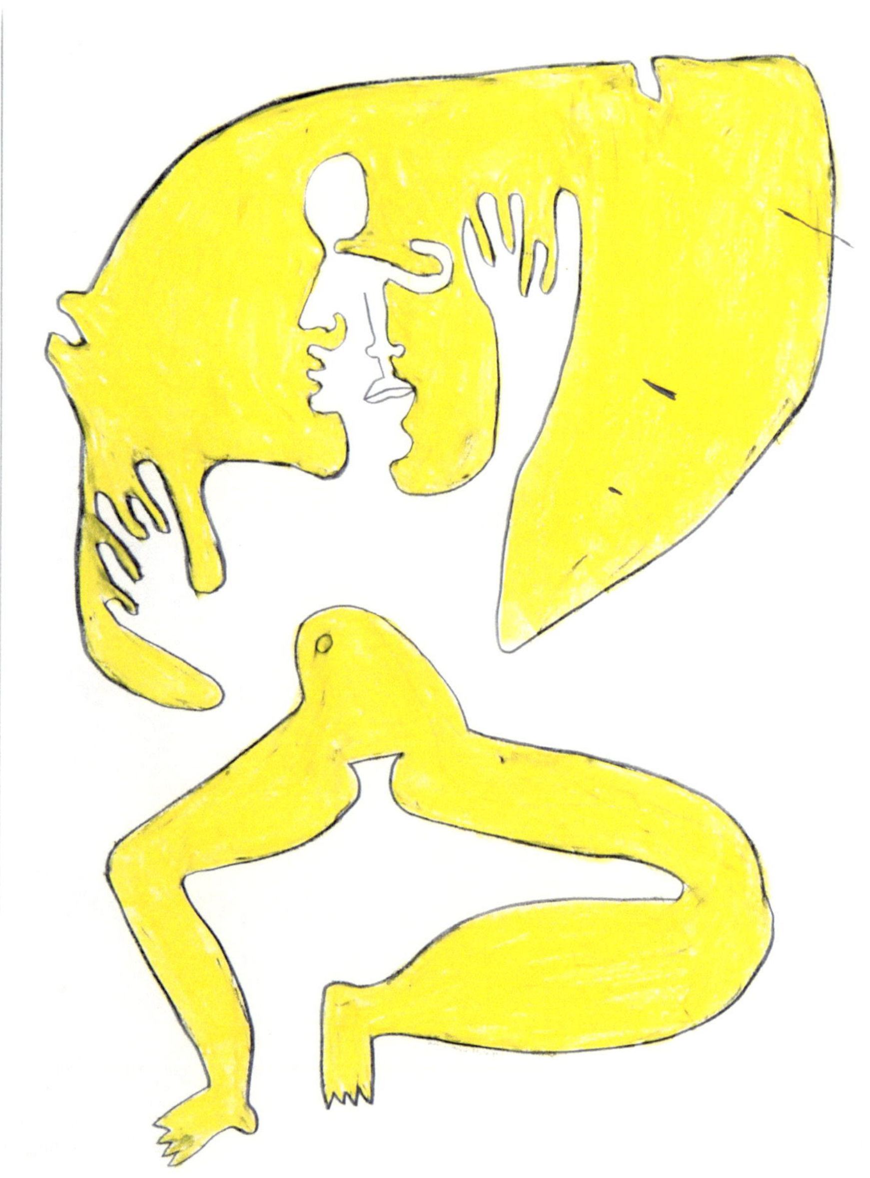

Abb. 11: 1989, 51 x 72 cm

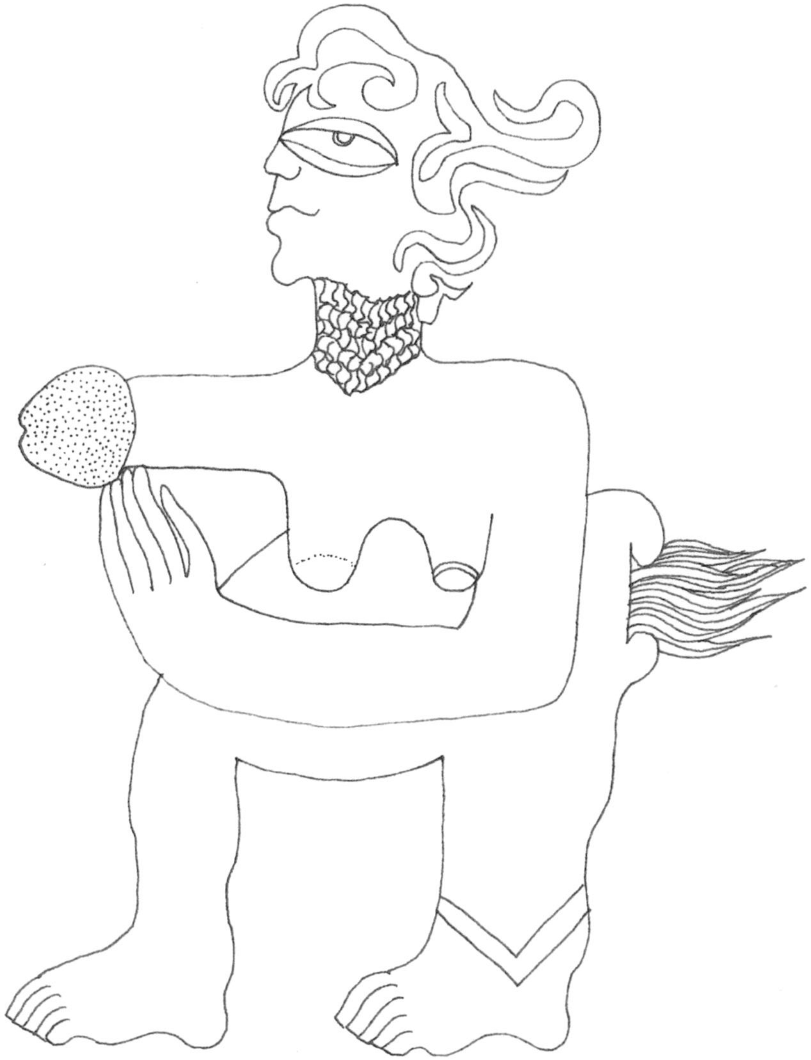

Abb.12: um 1975, 14 x 17 cm

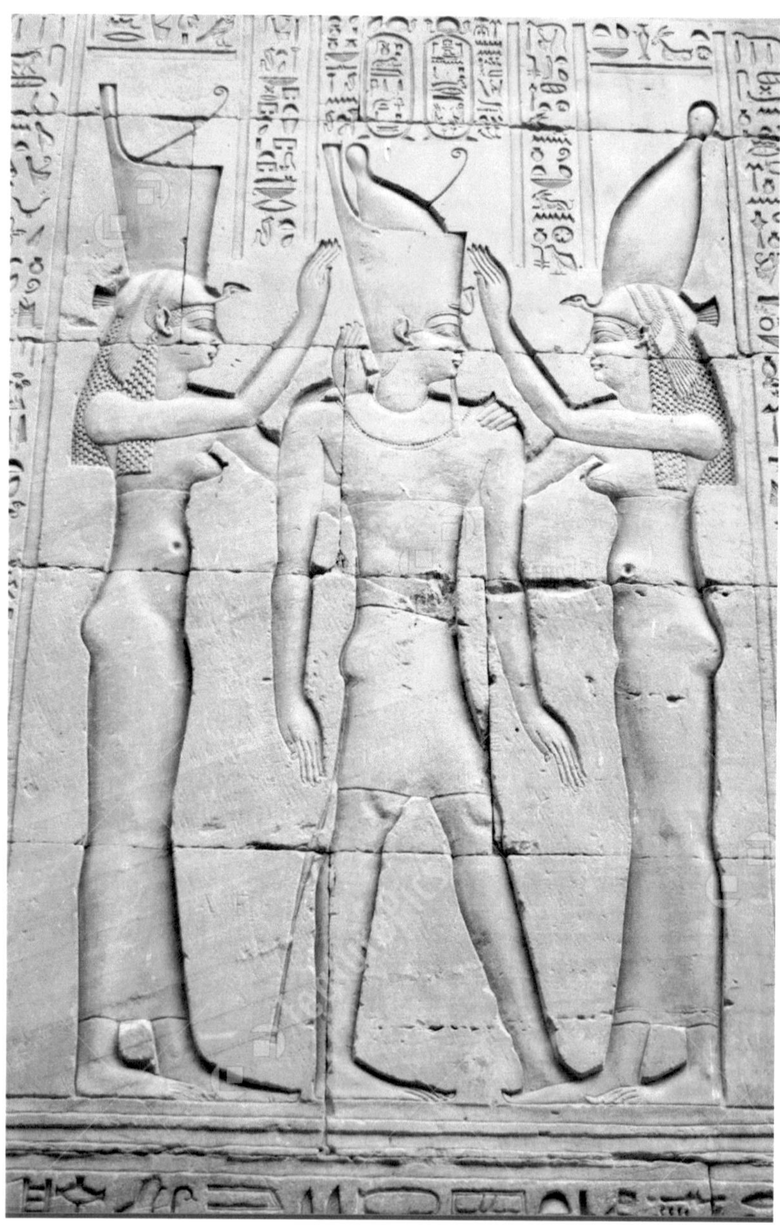

Abb. 13a: Ägyptisches Relief

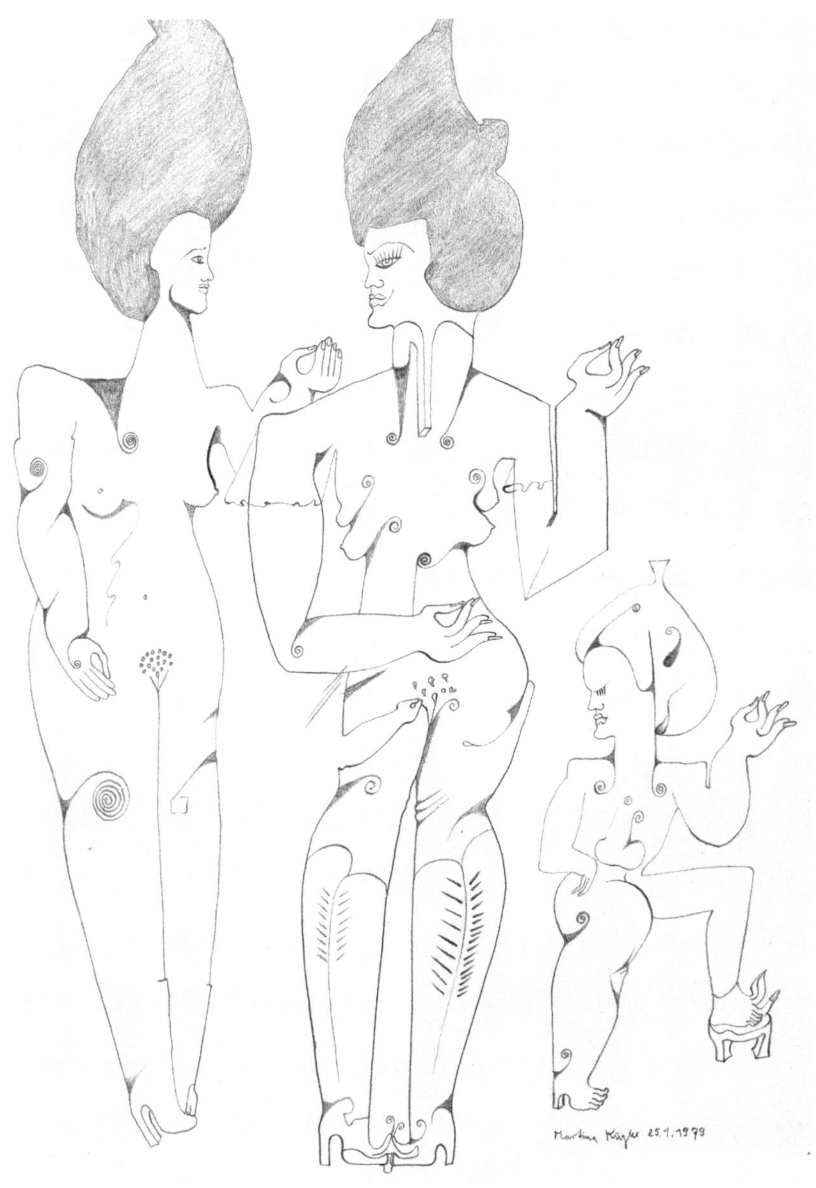

Abb. 13b: 1979, 21 x 32 cm

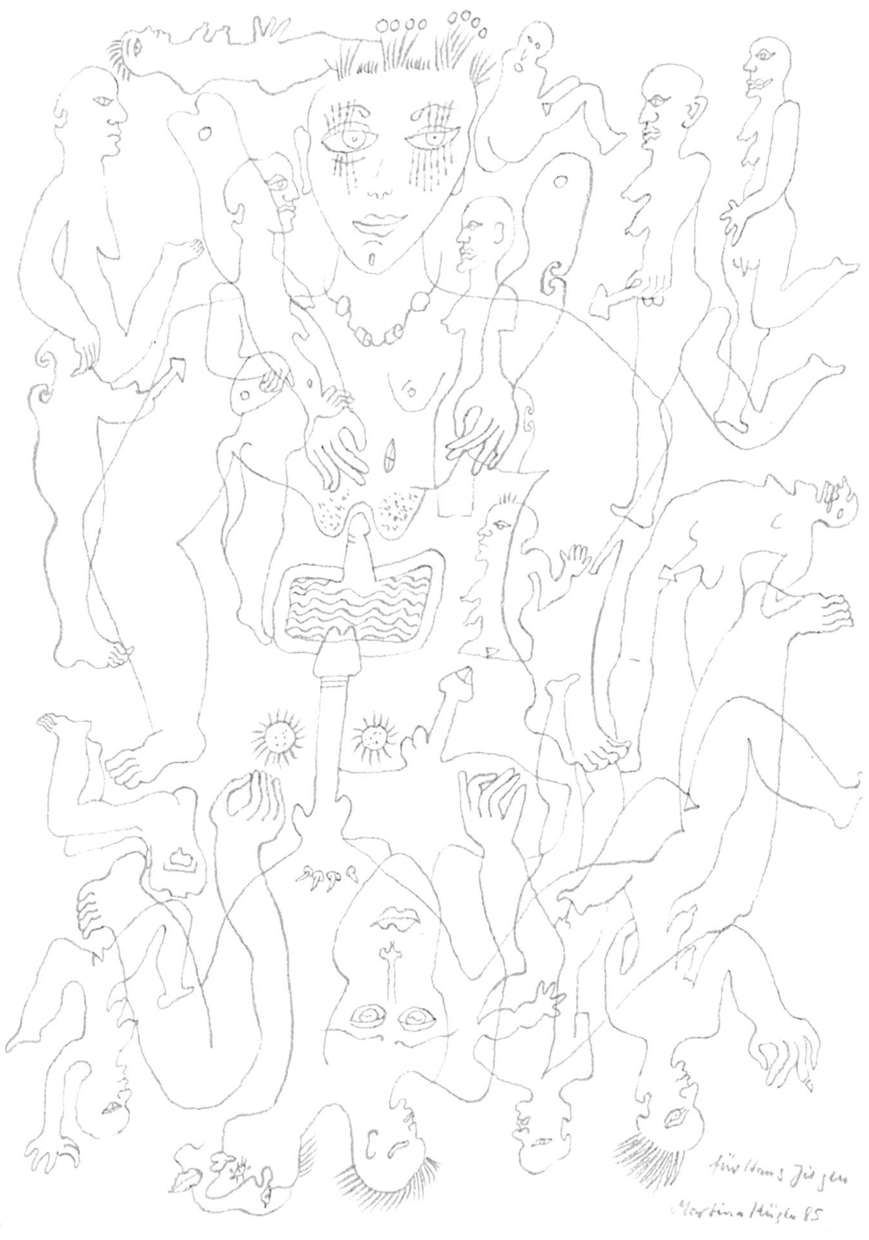

Abb. 14: 1985, 11,5 x 16 cm

Navratil hebt die Überbetonung von Konturen hervor[1], gelegentlich verstärkt durch Doppelkonturen, - als traue man nicht der Kraft der einfachen Kontur, den Zusammenhalt der Figur zu garantieren. Die Augen würden von Schizophrenen besonders betont; in vielen Werken finde man unnatürlich vergrößerte Augen[2]. Vielfach findet man in Martinas Zeichnungen auch den Januskopf: Zwei Gesichter, die zu einer Einheit verschmolzen sind. Ganz ähnlich ist die teilweise Verschmelzung von Vorder- und Seitenansicht des menschlichen Kopfes, auf die auch Navratil hinweist: Das gemischte Profil, schreibt er, sei eines der eindrucksvollsten Symbole schizophrener Gespaltenheit. Doch das „gemischte Profil" finden wir ebenso auch bei Picasso und vielen anderen Künstlern der Moderne (Abb. 15 a u. b).
Die Einordnung nach Stilmerkmalen scheint also unbrauchbar geworden zu sein. Ja, all diese Momente sind auch im Werk von Martina Kügler zu finden. Ist deshalb Martina Kügler eine Künstlerin, die unter dem Etikett „art brut" bzw. „outsider art" einzuordnen ist? Meine These ist, dass diese Begriffe ihrem Werk nicht gerecht werden.

„Art brut" ist ein Sammelbegriff für Kunst von Menschen mit psychiatrischer Erfahrung; hierbei geht es vor allem um autodidaktische Kunst. Jean Dubuffet, der den Begriff prägte, beschäftigte sich eingehend mit naiver und anti-akademischer Kunst jenseits der etablierten Strömungen. Prinzhorn verwendete hierfür noch die ältere Bezeichnung „Bildnerei von Geisteskranken"; auch die Surrealisten wie André Breton sprachen noch von „L`art des fous". Sind Martinas Arbeiten diesem Begriff zu subsumieren?!
„Each drawing is an expression oft the illness", - so war neulich auf der outsider art-conference in Paris 2018 zu hören: Man sucht in diesen `zeichnerischen Manifestationen` aus den Psychiatrien – ich

---

[1] L.Navratil, Schizophrenie und Sprache / Schizophrenie und Kunst, Zur Psychologie der Dichtung und des Gestaltens, München 1976, S.217 u. 263
[2] Ibid., S. 228 und

will dazu nicht unbedingt „Kunst" sagen – die Krankheit. In Martinas Arbeiten aber möchte ich die KUNST suchen!

Vergleichen wir Arbeiten aus dem Fundus der „art brut" mit Martinas Arbeiten. Zwei Bilder, in denen eine Todesangst sich ausdrückt: das erste (aus dem Katalog zur outsider art fair, Paris 2018) stammt von einem selbstmordgefährdeten 38 Jahre alten Patienten aus dem Jahre 1930: in Gestalt zweier Dämonen stürmt die Gefährdung zur Tür herein (Abb. 16 a).

Das zweite ist ein Gemälde von Martina Kügler aus den 70er-Jahren (Abb. 16 b) Die erste Zeichnung lässt sich quasi eins-zu-eins versprachlichen, indem die naiv-realistisch dargestellten Dinge sich klar benennen lassen. Die subjektiven Probleme schlagen sich roh, ohne weitere Gestaltung durch. Die Versprachlichung fällt im zweiten Bild ungleich schwerer; es entzieht sich der Verfügbarkeit durch den Begriff: Eine schematisierte Gestalt liegt rücklings hilflos auf dem Rücken, während eine schwarze Hand aus dem Dunkel nach ihr greift. Die Aussage ist komprimierter, gestalteter – und poetischer: Dieses Werk ist weniger durch „Verstehen" als durch Intuition zu erfassen. Wir nehmen weniger die Dinge wahr, als eine *EMPFINDUNG*, - und mit diesen Empfindungen auch UNS SELBST.

Zwei weitere Zeichnungen will ich miteinander konfrontieren: eine Zeichnung, zu sehen auf der diesjährigen *outsider art fair* in Paris (Abb. 17 a), und eine Zeichnung von Martina aus dem Jahre 1990 (Abb. 17 b) Auch hier liegt der Unterschied in FORM und GESTALT. Eine ganze Gesellschaft unterschiedlicher großäugiger Gesichter vereint sich in Martinas Zeichnung zu einem Raum, der einem Spiegelkabinett gleicht: ein Ensemble vielfältiger Stimmen. Gleichsam zwanghaft und stereotyp werden dagegen in dem ersten Bildunbewegte Gesichter repetiert und starr zu einem Teppich aneinander gereiht, in dem es keine noch so winzige Leerstelle gibt. Eine amorphe, monotone Masse – ohne GESTALTUNG.

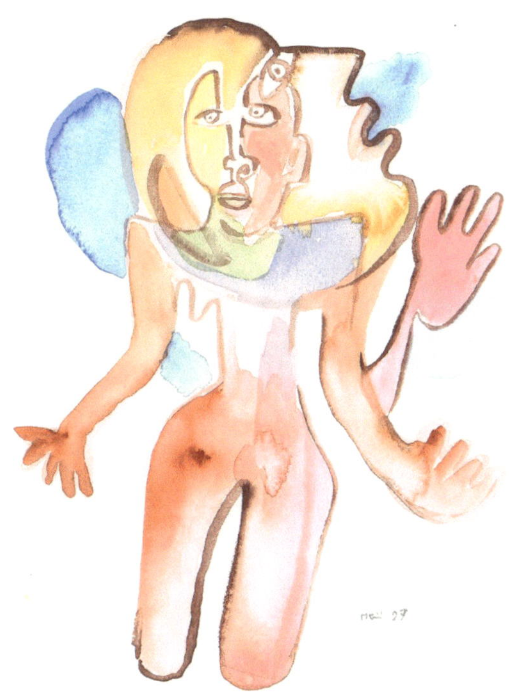

Abb.15 a: 1997, 15 x 20 cm

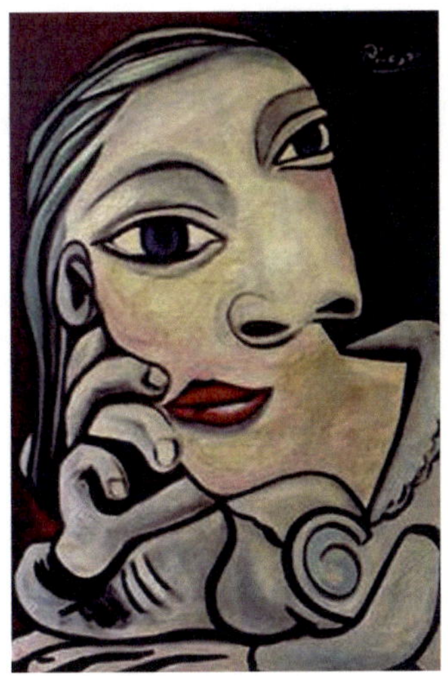

Abb. 15 b: Picasso

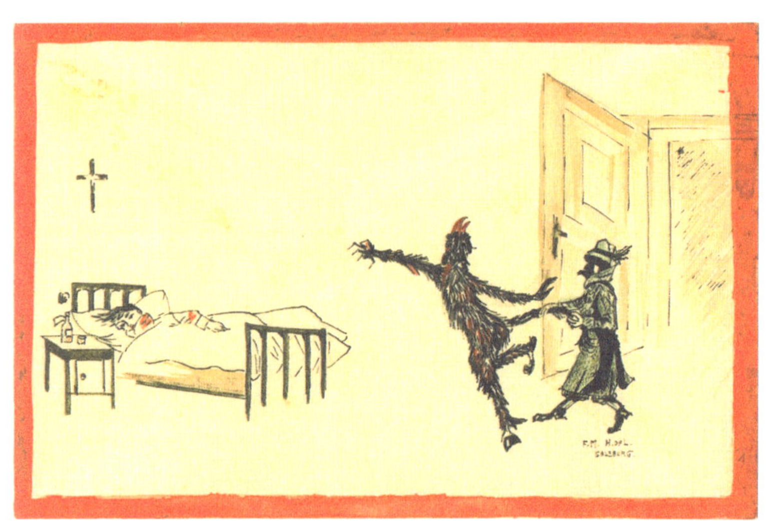

Abb. 16 a

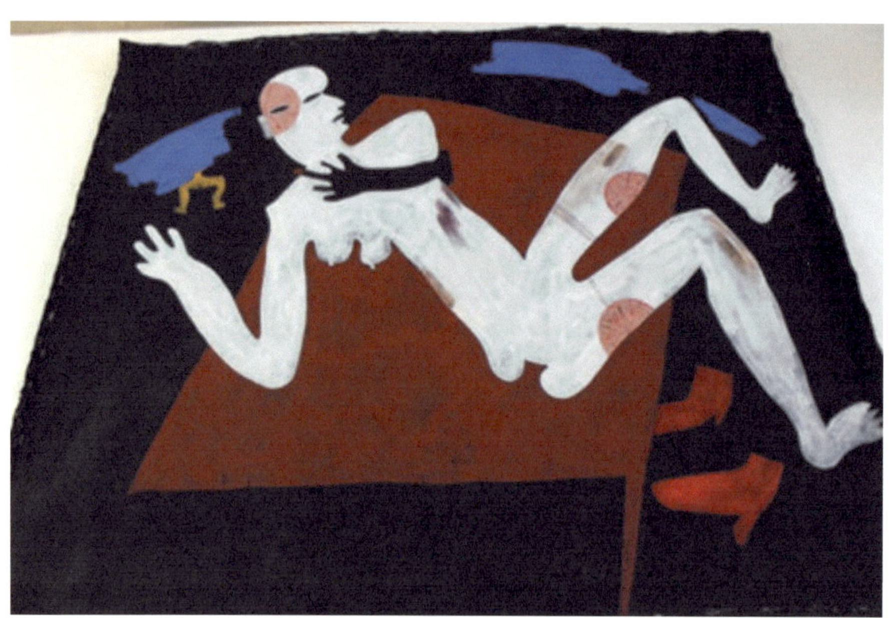

Abb. 16 b

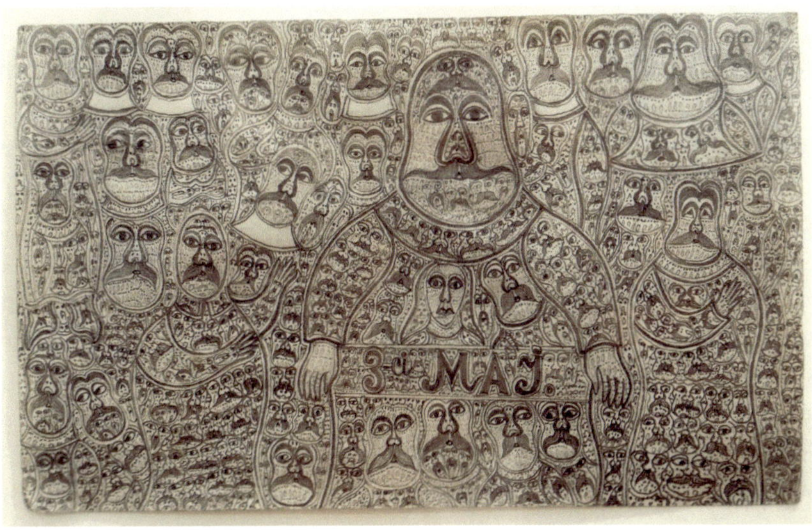

Abb. 17 a

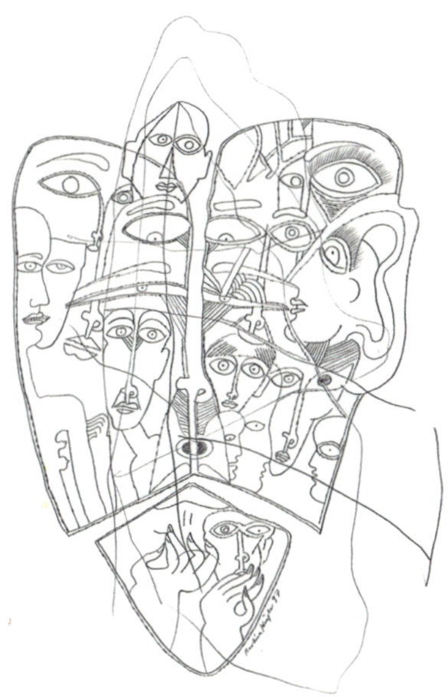

Abb. 17 b

Wir führen den kreativen Prozess oft romantisierend auf die Wirkung des Unbewussten zurück. Doch dieses ist im Gegenteil eher form- und gestaltlos und repetitiv.
In seinem Werk „Das Imaginäre Museum" spricht André Malraux von der „Kunst der Geisteskranken" – so nannte man sie zu seiner Zeit noch - als der „ausdrucksvollsten" Kunst: „Durch die Zerstörung der als gültig anerkannten Beziehungen zwischen Mensch und Ding, durch die Neugestaltung der Welt würde sie zur packendsten Kunst, - wäre der Stil des Wahnsinns nicht ein Stil der Lähmung"[3]. Es ist aber gerade die Wirkung des Unbewussten, das diese Lähmung bewirkt. „Die Vorstellung, das Unbewusste sei die Quelle des Schöpferischen", schreibt Lawrence S. Kuby, sei „eine tragische Perversion und Verspottung jeglichen höheren menschlichen Strebens"[4].
Martinas Arbeiten aber sind spielerischer und kreativer: das Unbewusste wird in ihrem Werk einbezogen in ein Zusammenspiel von Bewusstem, Vor- und Unbewusstem, wodurch die Dominanz der Schizophrenie gebrochen und eine freiere künstlerische Gestaltung erst möglich wird.

Wie ist das Verhältnis von Freiheit und Zwang im schöpferischen Prozess?
In der Schizophrenie, sagten wir, ist die Selbst-Repräsentanz gefährdet. Re-Kreation ist das Ziel der kreativen Entwürfe: In einer desintegrierenden Krise kann künstlerische Arbeit auch einen Schutz bieten gegen den totalen Verlust der Ich-Grenzen und vor der ständig drohenden Verschmelzung mit anderen, worin sich die mangelhafte Differenzierung zwischen Selbst- und Objekt-repräsentanzen zeigt. Zeichnen hat dann eine quasi selbstheilende Wirkung. Es rettet den Schöpfer vor der Ich-zerstörenden Gewalt der mächtig andrängenden Triebe. Es ist im Grunde ein ähnlicher

[3] André Malraux, Das Imaginäre Museum, Baden-Baden 1947, S.116
[4] L.S.Kuby, Psychoanalyse und Genie- Der schöpferische Prozess, Reinbek 1966, S.51

Prozess, der auch im sog. „gesunden“ Künstler vor sich geht. „Nach unserer Ansicht“, meint Navratil [5], ist die psychische Dynamik des Schöpferischen bei Gesunden und Kranken gleich“. Denn künstlerische Tätigkeit werde primär eben nicht durch das Ich gelenkt. Doch während der „gesunde“ Künstler über die unbewussten Vorgänge klarer und in überlegter Weise verfüge, werde der Schizophrene von ihnen gleichsam überwältig. „In der Psychose hat der Künstler keine freie Wahl seiner Stilmittel und seiner Ausdrucksweise“, schreibt Alfred Bader[6], „er kann seine Kunst nicht lenken, sie nicht beherrschen, - er wird von ihr beherrscht“.
Anders jedoch bei den Künstlern, die an Schizophrenie litten: Hier lässt sich feststellen, dass die Genialität großer Künstler unter der Psychose weniger leidet, in Einzelfällen sogar von der (krankhaft) erhöhten Sensibilität und verstärkten Intensität des Erlebens profitieren kann! So haben etwa die Spätwerke van Goghs mit seiner Krankheit sogar an expressivem Ausdruck und Originalität gewonnen.

Der Psychiater Heinz Häfner vermutet gar, dass „erst die gewaltige Dynamik der Krankheit einzelnen schizophrenen Künstlern über die Schwellen der Konventionalität hinaus neue Dimensionen kreativen Gestaltens eröffnet“[7]. Martinas künstlerische Befähigung konnte durch die Erfahrung einer schizophrenen Psychose also in besonderer Weise befruchtet werden.
Martina überrascht durch ihre Vielzahl von Erfindungs- und Ausdrucksmöglichkeiten! Kunst, schlussfolgern wir, entsteht dort, wo es ihr gelang, sich diesem Zwang des Unbewussten zu entwinden.-
Doch droht auch immer wieder der Absturz: die psychotische Krise! Hier zersplittern, fragmentieren auch Martinas Figuren (Abb.18).

---

[5] Ibid., S. 296

[6] A.Bader, Psychopathologische Kunst, in: A.Bader/L.Navratil, Zwischen Wahn und Wirklichkeit, Luzern/Frankfurt 1976, S.170

[7] Heinz Häfner, Schizophrenie, München 2010, S.114

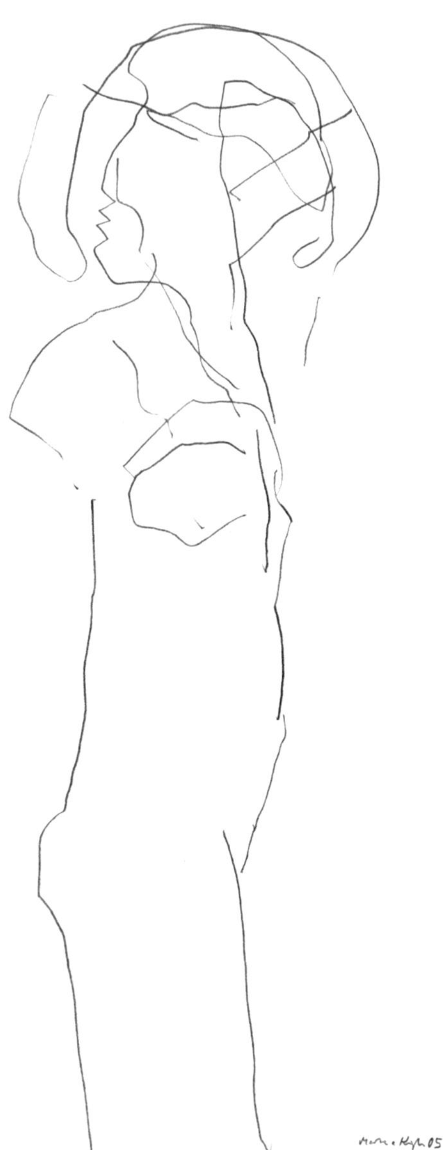

Abb. 18: 2005, 21 x 30 cm

Abgestürzt ins Bodenlose der Psychose, versagt ihr auch die Kunst. Martinas Leben war ein Tanz auf der Spitze eines Bleistiftes: jederzeit absturzgefährdet.-

*****

Wie also hätten wir Martina Küglers Kunst kunstgeschichtlich einzuordnen? Die Frage nach den „Schubladen“... Gehört sie zu der heute so genannten Richtung der „outsider art“ bzw. der „art brut“? Martinas Kunst ist anti-naturalistisch, aber nicht anti-akademisch, was für Dubuffet eine Vorbedingung für die Rubrizierung unter „art brut“ war. Diesem Begriff ist sie durch ihre künstlerisch versierte Hand wohl entwachsen. Anti-naturalistisch war aber auch schon die Kunst des Manierismus, die im Verlaufe des 16. Jahrhunderts die Formen der Renaissance auflöste und verzerrte und einen eigenen Stil, die „maniera“, entwickelte. Auch Leo Navratil fällt die Ähnlichkeit zwischen dem schizophrenen Gestalten und der modernen Kunst auf: „Die Schizophrene Bildnerei ist die eigentliche Urgebärde des Manierismus, denn ihr liegt keine Tradition zugrunde“[8]. In seinem Werk „Die Welt als Labyrinth“ bezieht Gustav René Hocke den Begriff auf das „dezentrierte Subjekt der Moderne“. Das heißt, der Rezipient erkennt in den Werken des manieristischen Künstlertypus und den Manierismen schizophrener Bilder den Ausdruck verwandter seelischer Konfliktsituationen. Dieser manieristische Gestus wirkt bis in die Gegenwart fort! Denken wir hier an die Arbeiten von Picasso, André Masson, Klee und Miro: Proportionen werden verzerrt, Körper in dynamischen Verrenkungen dargestellt, Perspektiven missachtet. Auch das Erotische wird oft pointiert. Manieristische Stilelemente werden zu Vorbildern des Expressionismus, Dadaismus und Surrealismus. Miteinander verschmelzende Körper – bei Bellmer (Abb. 19) und Martina Kügler (Abb.20); hier wie dort auch ein Faible für den Fetischismus (Abb. 21 u. 22). Der gleiche Furor der Bewegung in André Massons *Dessin Automatique* von 1923 (Abb. 23) wie in Martinas „automatischer“

---

[8] Ibid., S. 268

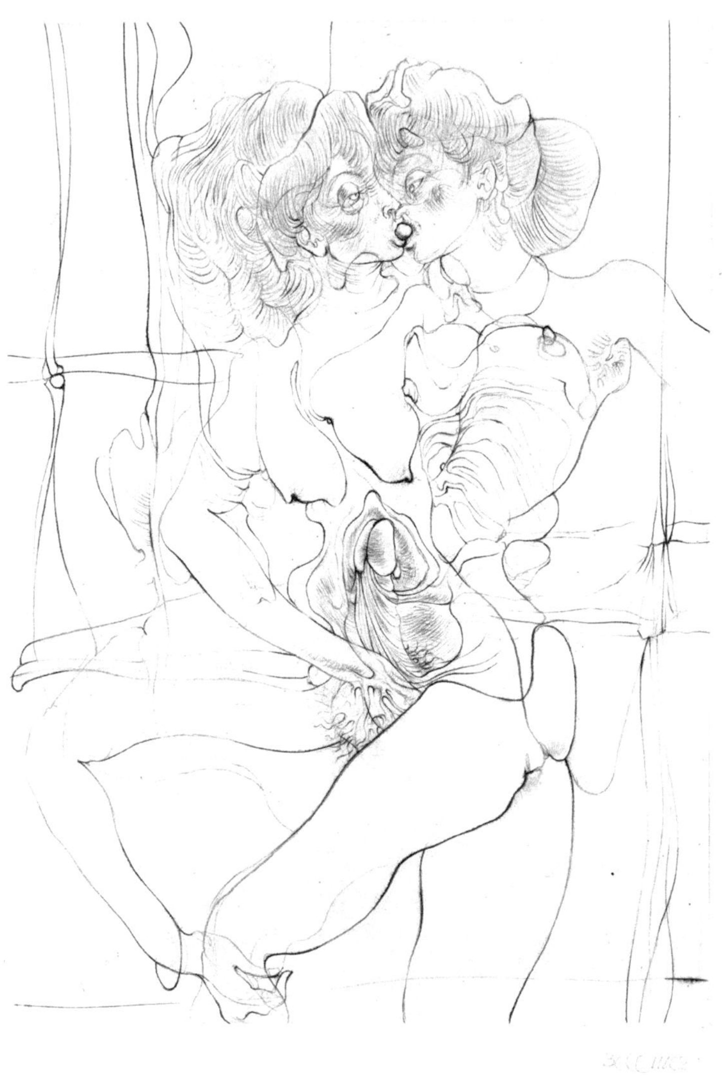

Abb. 19: 1961 Bellmer, aus „Á Sade“

31

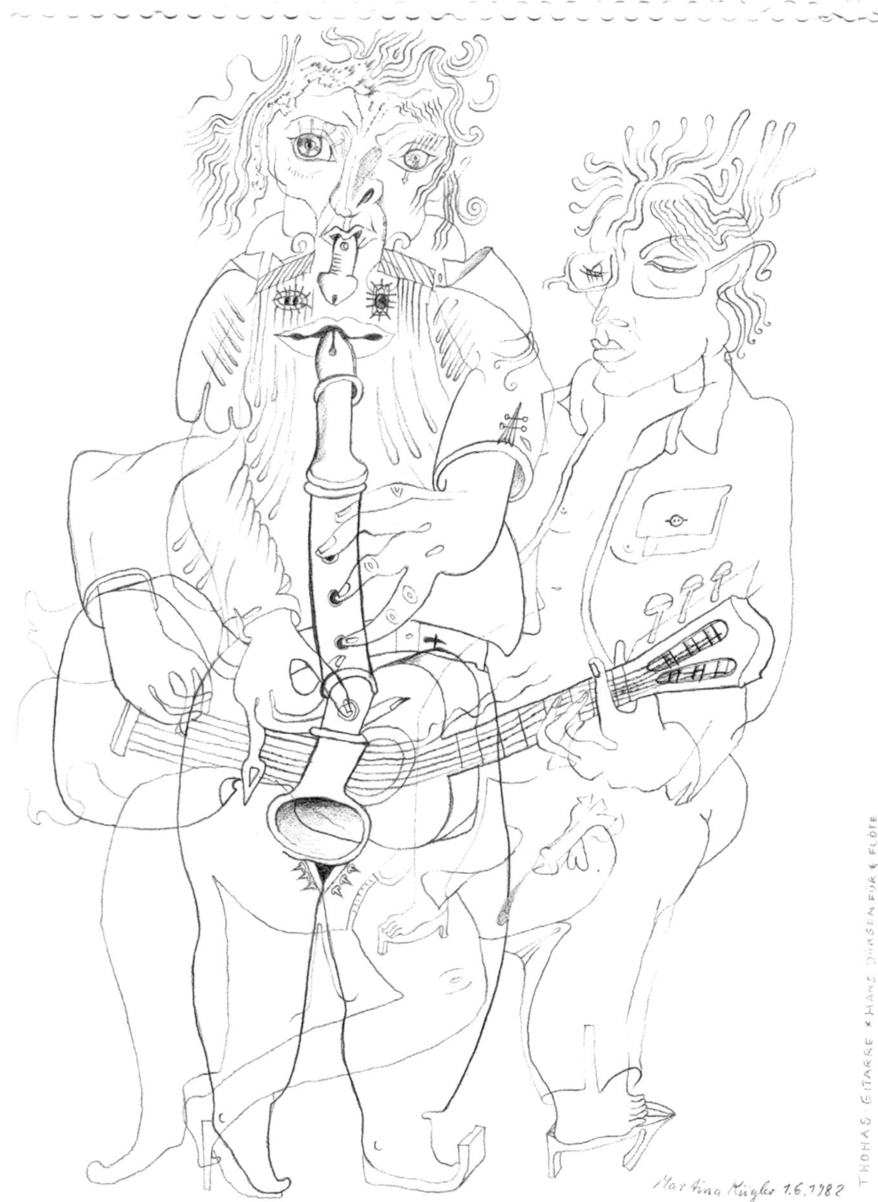

Abb. 20: 1982, 14 x 18 cm

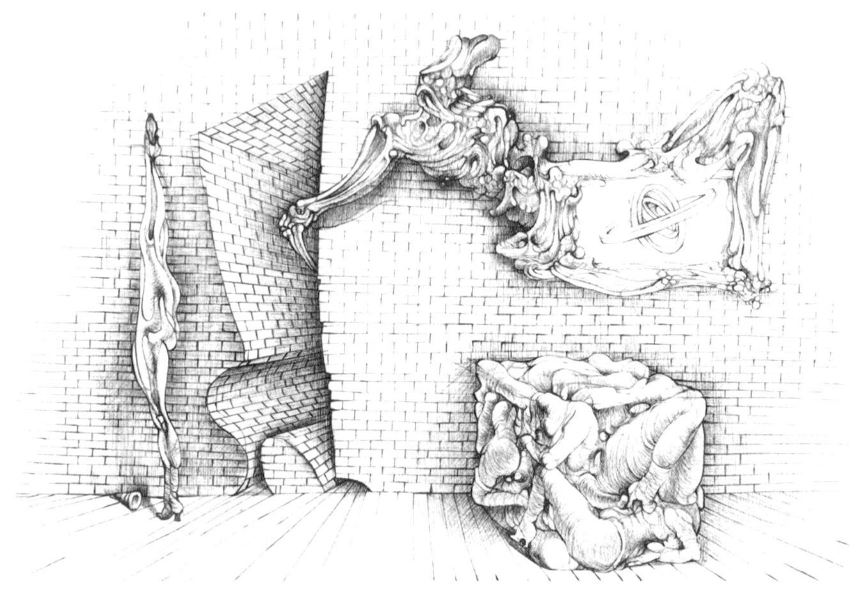

Abb. 21: 1970 Bellmer, „Souterrain baroque“, 18 x 12 cm

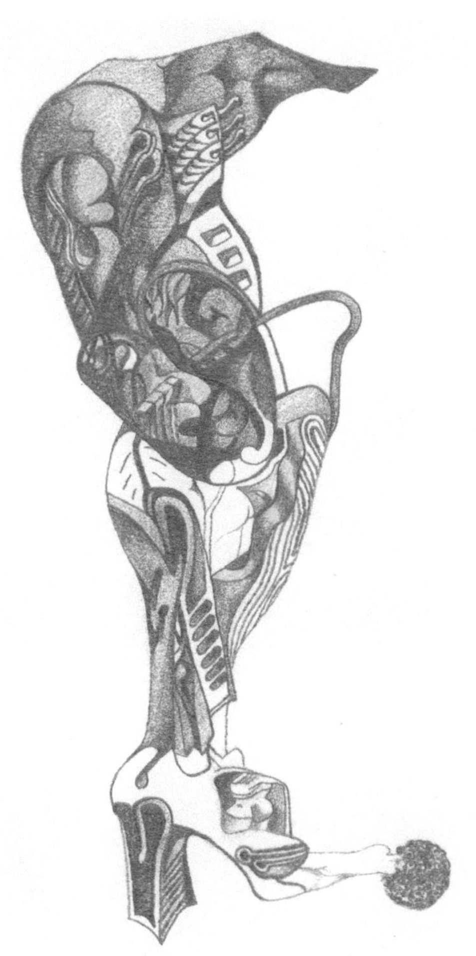

Abb. 22: 1972, 17 x 23 cm

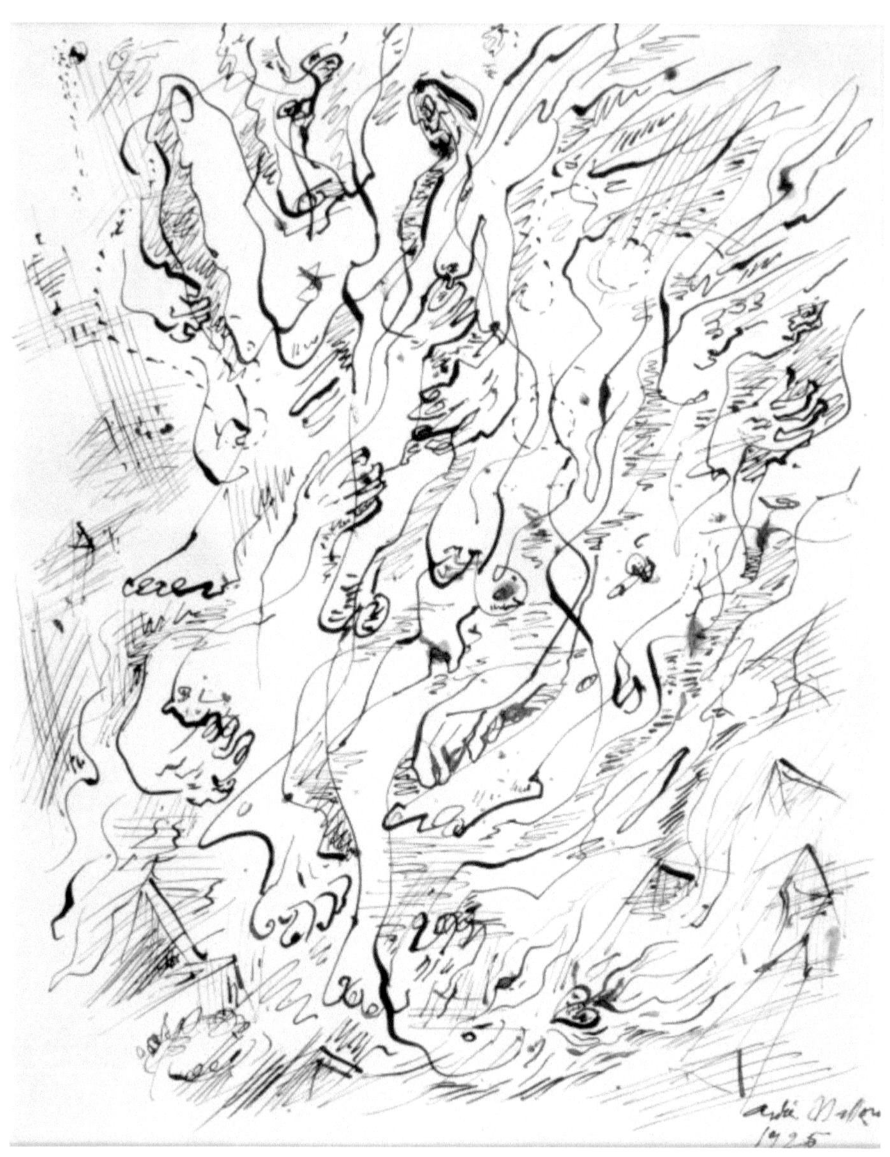

Abb. 23: 1925 André Masson

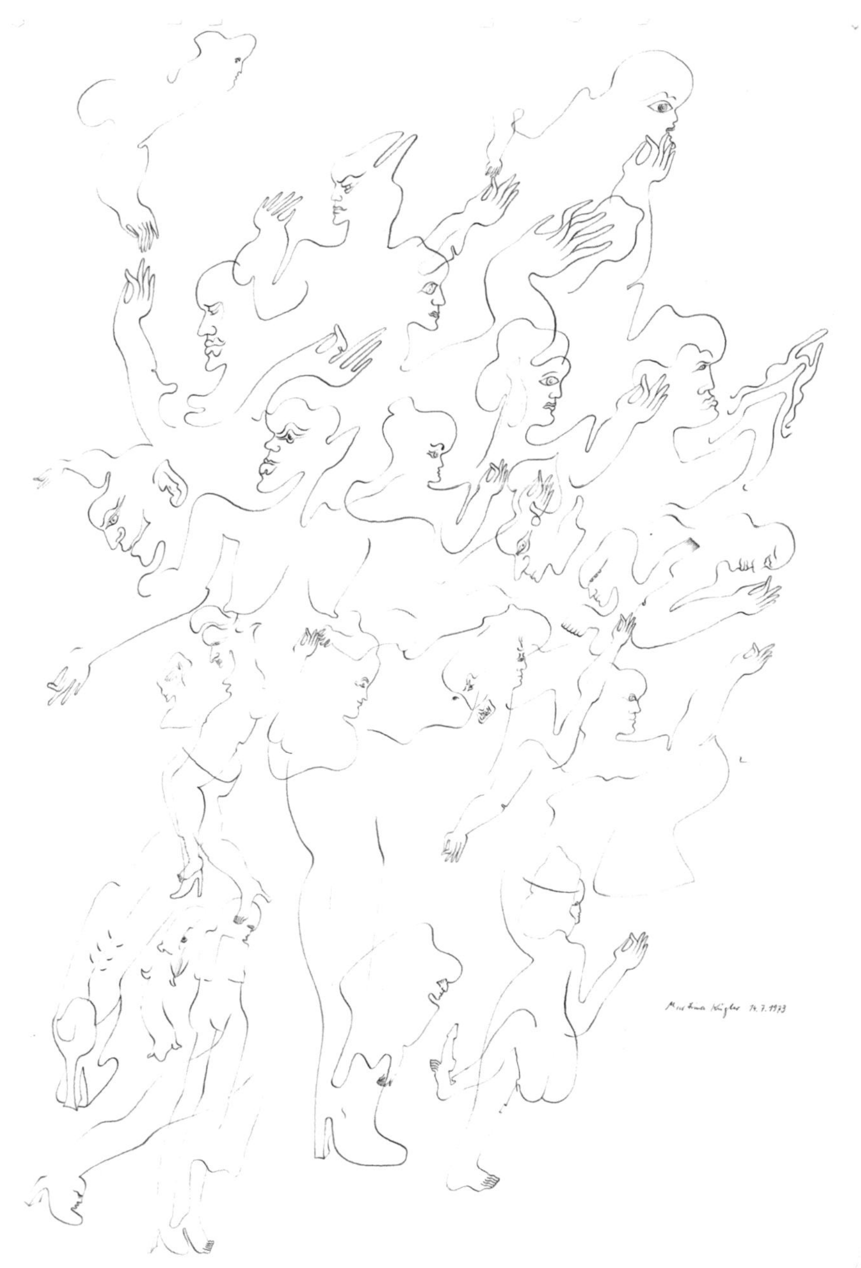

Abb. 24: 1973, 25 x 32 cm

Zeichnung (Abb. 24). Immer wieder erstaunlich, welche Leichtigkeit und Schönheit diesem Leiden entspringt!

*****

Martina Küglers Zeichenstift führt uns in eine Welt jenseits der Welt, wie sie ist. Zeichnungen, die nichts Sinnliches beschwören, sondern eher halluzinatorische Zeichen, Ideogramme einer dem Sichtbaren entzogenen Welt sind. *(Darum auch kann man ihre Kunst auch nicht dem Surrealismus zurechnen, der einer gegenständlichen Welt verhaftet bleibt, doch ihr das Gewohnte nimmt; er entspringt der Logik einer zerrütteten Wirklichkeit).* Martinas Gestalten entstammen einer eigenen transzendenten Welt. Wenn Kunst mit Sublimierung zu tun hat, so hat die Schizophrenie sich in Martina Küglers Arbeiten zur schönsten künstlerischen Blüte entfaltet. Ihre Kunst ist mehr als ein Psychogramm des Künstlers. Wäre der Begriff des SOUS-REALISMUS ein für Martinas Arbeiten zutreffender? Poetischer Sousrealismus?

Georges Bataille bietet eine radikale Definition der Poesie an[9]: „Ist die Poesie nicht", so fragt er, „die Verfehlung par excellence, wagt sie sich doch in den Grenzbereich des ´Unmöglichen´ vor?" **e**Das Unmögliche ist die Zone des Abgespaltenen und Unbewussten, des Verborgenen und Unheimlichen; der Bereich, der sich im Subjekt, also in uns selbst auftut. Das Unmögliche bezeichnet den Gegenpol zur Behauptung sogenannter realistischer Erfahrung, die Bataille als Irrtum und als armselig bezeichnet, da sie die unauslotbare Erfahrung der Existenz ausschließe. Das Ununterschiedene, die Fusion und Konfusion ist aus unserer Wissenschaft, die Georges Bataille die „homogene" nennt, ausgegrenzt. Für ihn ist es die Kunst und die Literatur, die diese Grenzen beständig überschreitet. Wir leben in der realen Welt, der „Welt der Nützlichkeit", wie Bataille sie nennt. Martinas Welt aber ist die Welt des Irrealen, des „Unmöglichen". Diese Welt tritt uns als Fremde, Befremdende

[9] Georges Bataille, Die Literatur und das Böse. München 1987

gegenüber. Wir verschließen uns dieser Welt, wenn wir sie als „Kunst der Schizophrenen“, „outsider art“ oder „art brut“ wieder von uns weisen. Wir finden zu dieser Welt nur Zugang, wenn wir die Ansprüche unserer Welt, von der aus wir auch die Kunst beurteilen, „vergessen und unseren Untergang bejahen“[10], d.h. aus unserer abgeschlossenen Identität ausbrechen. - Während wir also vielleicht künstlich den Zugang zu dieser Ebene suchen, indem wir z.B. die Überschreitung hin zur Entgrenzung praktizieren – etwa durch Drogenrausch oder andere dionysische Erfahrungen, befindet sich Martina - unfreiwillig - jenseits dieser Grenze. Wo wir vielleicht den zeitweiligen Zugang zu den künstlichen, zuweilen höllischen Paradiesen durch Selbstverlust suchen, sucht Martina den Rückweg aus diesen – über ihre Kunst! Vergessen wir nicht den wesentlichen Unterschied: dass unser Weg dorthin einer aus Freiheit ist, während Martinas Weg einem tiefen Leiden entspringt.

*****

Anhand einer zeichnerischen Serie Martinas aus dem Jahre 1996 will ich die existentielle, quasi überzeitliche Aussage einiger Arbeiten darstellen und damit demonstrieren, dass das Verständnis der Schizophrenie für uns auch deshalb wichtig ist, damit wir uns selber besser verstehen können (Abb. 25).

„Ein guter Maler ist inwendig voller Figur“, schrieb Albrecht Dürer

Den blicklosen Augen von Martinas Gestalten bietet sich kein Gegenüber: sie blicken ins Leere. Doch obgleich sie einer existentiellen Einsamkeit entspringen, sind sie nicht alleine. Ihr Blick geht nach innen, insbesondere in den invertierten, durchhängenden Köpfen, und dort entdeckt er ein ganzes Ensemble von Figuren: das einsame Ich ist mit sich selber in bester Gesellschaft! Das mit sich selbst identische Ich ist keine Monade: es ist die Summe einer Vielzahl von Partial-Ichs, die jedes Glied des Körpers mit einem eigenen Körper-Bewusstsein ausfüllen.

---

[10] Georges Bataille, Das Unmögliche, Frankfurt 1994, S.78

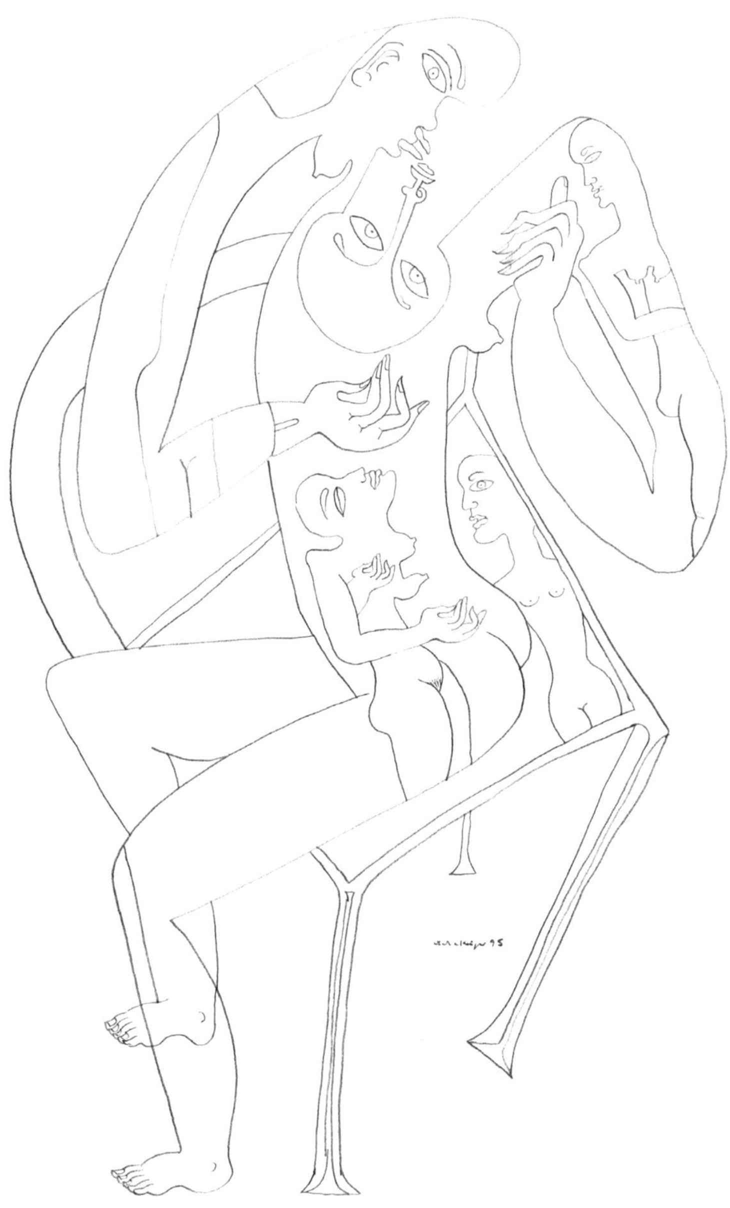

Abb. 25: 1995, 19 x 28,5 cm

Es ist die Chaos-Phobie der Aufklärung, die den Begriff der „Identität“ setzt – und damit all das, was nicht „Vernunft“ ist, aussperrt. Hier nimmt Martina Kügler das „Verwirrungsrecht des Künstlers“ in Anspruch und zeigt die Vielheit in der Einheit auf. „Jeder Mensch ist eine kleine Gesellschaft“, notiert Novalis in den „Blütenstaub“-Fragmenten. Wir sind plurale Individuen (Abb. 26). Das Individuum ist keineswegs etwas „Unteilbares“: Es ist ein Dividuum, ein Abstraktum, in dem sich eine ganze Gesellschaft spiegelt. Sigmund Freud kehrte Novalis` Satz vice versa um, indem er formulierte: „Jede Gesellschaft ist ein umfangreicher Mensch“. „Natur“ und Sozialnatur sind ineinander verschränkt. Das Subjekt wird erst zu einem, indem es sich dem Anderen öffnet und in einen symbiotischen Bezug zur Objektwelt tritt. Es gibt keine klare Trennung von Subjekt und Objekt mehr, nur noch eine Synthese, für die unsere Sprache aber keinen Namen hat. Der Dichter stellt Novalis zufolge das Undarstellbare dar; in den Zeichnungen von Martina Kügler finden wir es ebenfalls wieder.

Eine der Zeichnungen trägt den Titel „Arbeitskollektiv“. Wer bin ich – und wenn ja: wieviele? Eine ganze Gesellschaft tummelt sich im Dachboden unseres Körpers. Doch Martinas Zeichnungen lassen in tiefere Etagen blicken. Gesichter blicken uns aus den Gliedmaßen an, aus Brüsten und Händen; Gestalten bevölkern den Rumpf, als gingen die Figuren mit ihnen schwanger. Rundstirnige Köpfe, die alle dem kahlen Kopfe der Hauptfigur ähneln. Ein großes Ich, das sich aus lauter kleinen Partial-Ichs zusammensetzt. Vernunft und Bewusstsein sind nicht nur im Kopfe zu Hause: jede Zelle unseres Körpers enthält das Ganze (Abb. 27).

Die abendländische Antinomie von Körper und Geist ist nicht haltbar: Unser Kopf ist nur das Exekutiv-Organ der Vernunft, die in jedem Glied unseres Körpers zu Hause ist. Noch im kleinen Zeh steckt ein Bewusstsein der gesamten Geschichte unseres Körpers. So hält Nietzsche den „Verächtern des Leibes“ entgegen: „Der Leib ist eine große Vernunft, eine Vielheit mit Einem Sinne, ein Krieg und ein Frieden, eine Heerde und ein Hort.“ Diesen inneren Tumult

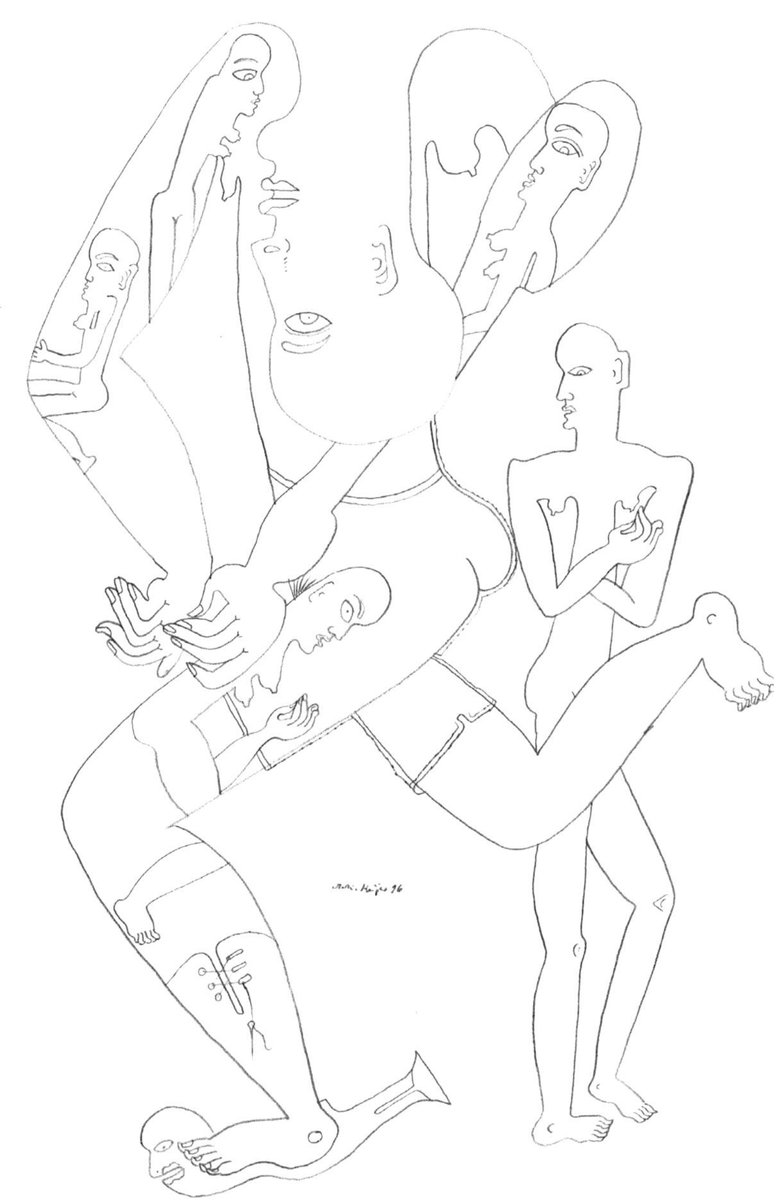

Abb. 26: 1996, 19 x 28,5 cm

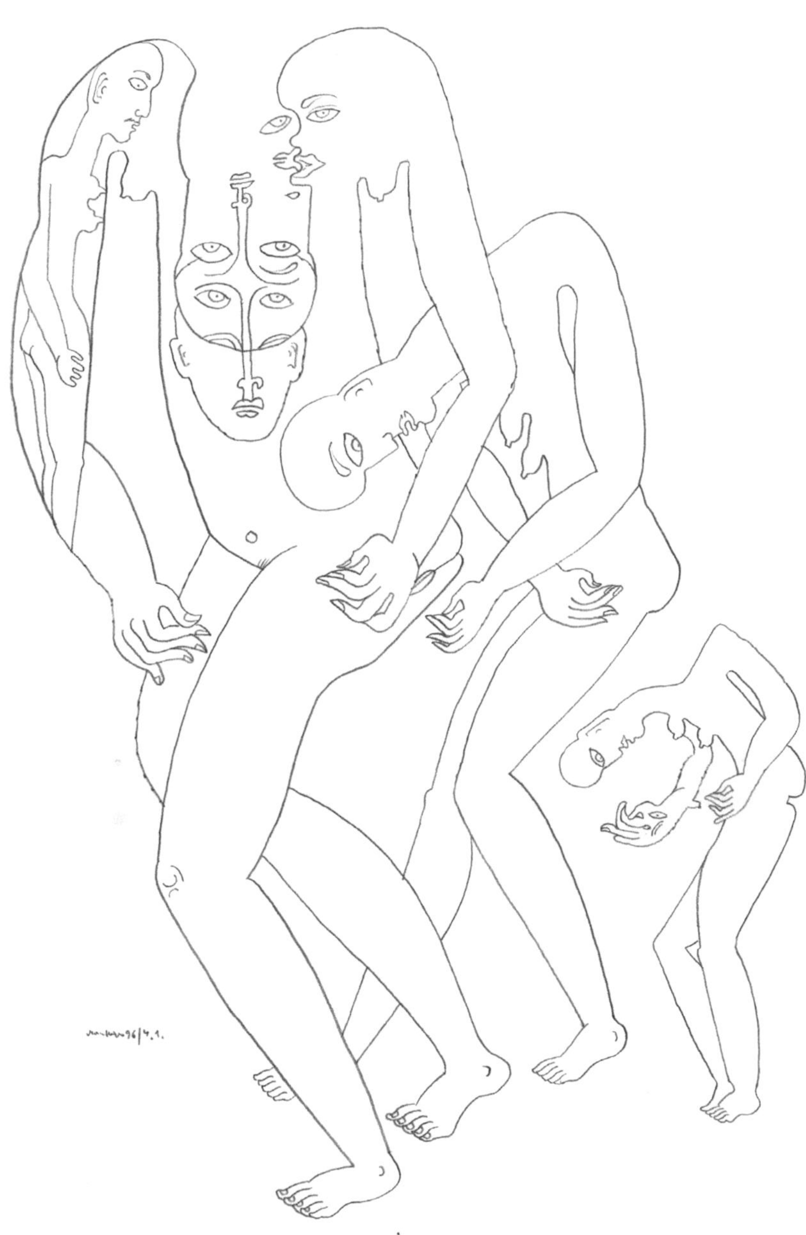

Abb. 27: 1996, 19 x 28,5 cm

versinnbildlichen Martinas Geschöpfe, die eine Einheit und Vielheit zugleich sind.
„Es ist mehr Vernunft in deinem Leibe, als in deiner besten Weisheit“, konstatiert Nietzsche. „Und wer weiß denn, wozu dein Leib gerade deine Weisheit nöthig hat?“
Wir spüren die Eigenmacht des Körpers dann, wenn wir nicht mit ihm im Einklang sind. Was will der Schmerz im Arm mir sagen? Was sagt mir mein Rücken, wenn ich eine Situation nicht länger „ertragen“ kann? Gerade in der Psychosomatik begegnet uns wieder die Verschränkung von Seele und Leib. In den sog. Konversionsstörungen z.B. äußern sich unbewusste Konflikte in körperlichen Symptomen. Und in der Hysterie springt, Freud zufolge, eine psychische Erregung, die nicht adäquat verarbeitet oder abgeführt werden kann, in einen Körperteil, wird also umgewandelt. So scheint jeder Körperteil auf seine eigen Weise beseelt zu sein.
Dieses Wissen führte den surrealistischen Künstler Bellmer zu seinen Überlegungen in der „Kleinen Anatomie des körperlichen Unbewussten“ (Abb. 28). Reelle Erregungszentren und virtuelle Erregungszentren korrespondieren miteinander. Innere Körper-Schemata, „von denen ein jedes sich allen anderen überlagert“, sind unausgesetzt in Bewegung. So kann sich das Geschlecht auf die Achsel projizieren, das Bein auf den Arm, der Fuß auf die Hand, die Zehen auf die Finger, mit dem Ergebnis, dass eine seltsame Mischung aus Realem und Virtuellem entsteht. Derart können „supranormale“ Fähigkeiten entstehen, wie z.B. die, mit der Hand sehen oder mit der Ferse riechen zu können.
Den strukturalistischen Theorien folgend könnte man von einer Dekonstruktion des Körpers sprechen: der Körper erfindet sich beständig neu und setzt die Hierarchie außer Kraft, die die Seele über den Körper bestimmen lässt. In Martinas imaginierten Geschöpfen sind die üblichen Körper- und Geschlechtergrenzen ausgelöscht; sie öffnen sich hin zu einer irisierenden Vielfalt, die uns zu der Erkenntnis führt, nicht länger zu sagen „Ich HABE einen Körper“, sondern „Ich BIN der Körper“, ja, „Ich IST unser Körper“.-

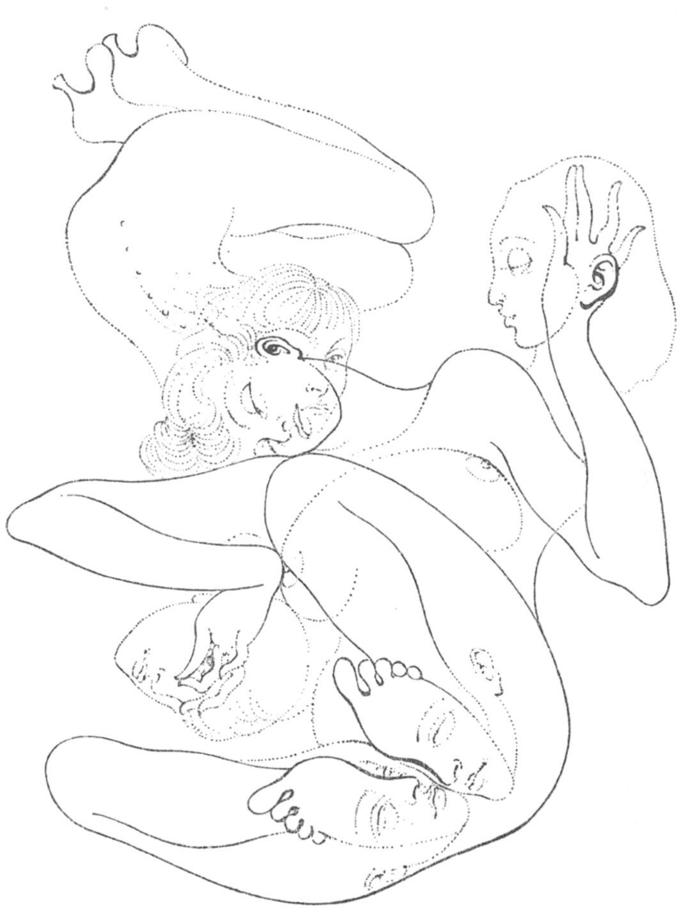

Abb. 28: Bellmer, „Kleine Anatomie des körperlichen Unbewussten“

Martinas geniale Fähigkeit bestand darin, das hinter dem Krankheitsgeschehen verborgene Leiden zum allgemeinen Kunstwerk zu gestalten. Wenn wir also psychotische Phänomene nicht lediglich als Symptome auffassen, wodurch wir uns von ihnen distanzieren, können sie uns Aufschluss geben nicht nur über das „Quellgebiet der Kunst“, sondern auch über uns selbst.-

Zu Martinas Texten

Die gleiche Manie, mit der Martina zeichnete, bestimmte auch ihr Schreiben: Zehntausende an Texten, „Gedichten“, hat sie hinterlassen. Welcher Drang steht hinter diesem Schaffen? Auch hier wieder: Ihr Schreiben folgt einem Müssen, ist quasi ein Existenzmittel. Navratil spricht , wie zu hören war, von einem Restitutionsvorgang: Über ihn bannt der Künstler den weiteren Zerfall. „Er richtet mit seinen bizarren Sprachgebilden Bastionen an seinen Ich-Grenzen auf“[11].

Jeder Atemzug – eine Zeichnung; jeder Wimpernschlag – ein Gedicht! Im Nachfolgenden wollen wir den poetischen Gehalt der Wortgefüge nicht übersehen, doch sollen uns hier eher die **Veränderungen der Sprache** interessieren (Abb. 29).

Schwindel ergreift den, der versucht, Martinas irrwitzige Wortschöpfungen nach ihrem semantischen Sinn und syntaktischen Bezug zu befragen. Ihre Worte sind Zeichen, die nichts als ihre eigene Klanggestalt bezeichnen, auch wenn sie im Augenblick die Vorstellung von etwas Bezeichnetem evozieren. Schon die nächste Wort-Verknüpfung lässt diese Vorstellung in den Abgrund der Sinnlosigkeit hinabtrudeln. Willkürlich und oft assoziativ bestimmt reihen sie sich aneinander, simulieren Sinn, der sich jedoch einem Verstehen verweigert.

Einfälle, ja, Zu-fälle sind es, die den Ausgangspunkt von Martinas Texten bilden; in freier Assoziation hangeln die Worte sich voran, auch wenn`s nach der kindlichen Methode „Reim` dich oder ich fress` dich“ über Stock und Stein weiterholpert. Ihre Texte folgen einem Strom von Bewusstseinsinhalten: Sprachformen aus einem Gedächtnisschatz werden quasi sinnlos reproduziert. Sie scheinen das Bewusstsein geradezu zu überschwemmen. Ihre enorme Produktivität verdankt sich diesem Bewusstseinsstrom.

[11] L.Navratil, Schizophrenie und Sprache / Schizophrenie und Kunst, Zur Psychologie der Dichtung und des Gestaltens, München 1976, S.163

on the wheels
auf den Rädern
des Donnerbetons
plattenverlegt
asphaltgetäfelt – gestiefelt
eingespachtelt – eingespiegelt –
mit den Rädern
verjätet
verspätet
Kein Rad – nicht nur ein Sonnenrad –
einige Seeigelwirbelwinde –
einige Sonnenwinde ?
ein Sonnenwirbelei – !? –
ein rutschendes Einerlei – !? –
am Firmament entlanggerollt –
ausgeschnippert
ausgezollt
am Wegesrand – was rollt
da ab ? – rollt es da ab
bis ans eigene Sonnengrab?

FR./23.10.15
MK

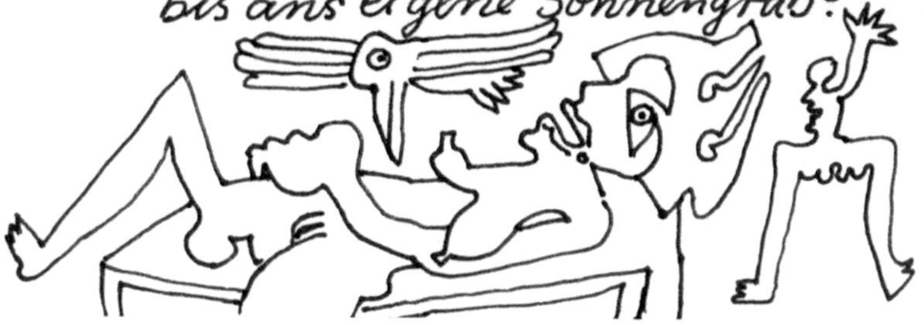

Abb. 29

Die grundsätzlichen Funktionen der Sprache: ihre Repräsentations- und ihre Kommunikationsfunktion, werden hier außer Kraft gesetzt; negiert. „Blödsinn“ nennt Martina selbst das Ergebnis der Worte-Spielerei. Ihr Effekt ist oft erheiternd, zuerst einmal und vor allem für die Worte-Jongleurin selber. Sie, die ihr Leben weitgehend in Einsamkeit verbringt, holt die ihr fast abhanden gekommene Welt per Wort-Einfälle ins Haus, und da es keinerlei pragmatisch-reale Verantwortlichkeit für die bezeichneten Dinge gibt, kann sie diese in freier Anarchie durcheinanderrütteln, bis die Worte-Funken stieben. Oft sind es surreale Absurditäten, einer wilden Kopulation von miteinander unvereinbaren Begriffen entsprungen; so ´schön wie die Begegnung einer Nähmaschine mit einem Regenschirm auf dem Seziertisch´. Dann lacht Martina über die unter ihrer Hand entstandenen Geistesblitze. „Ich sitze wie eine Kröte unter einem Stein – und warte, dass die Sonne aufgeht!“ Die Sonne: das sind ihr die sprühenden Funken, die sie aus dem Aufeinandertreffen unvereinbarer Vorstellungen schlägt. „Dichten“ ist ihr nicht nur ein solipsistisches Vergnügen: sie schafft sich ein „Gegenüber“. So rief sie mich einmal an, bedauerte, im Augenblick keine Gedichte schreiben zu können. Ob das am neuen Medikament liege, das ihre Symptome etwas mildere? Eine zu starke Medikation versetzt sie in unproduktive Lethargie: dann erlahmt ihre Kraft. „Ein bisschen krank muss ich sein, sonst habe ich kein Gegenüber“, sagte sie, „man braucht ja ein Gegenüber“[12]. Es klingt, als suche sie den Zustand der Krankheit, die ihr zugleich eine Pforte in die geliebten halluzinierten Reiche öffnet.

Es war nicht nur ein Schreiben in Einsamkeit: Jeder Schreibdrang kommt auch einem Mitteilungsbedürfnis entgegen. So verschickte Martina ihre Gedichte regelmäßig bündelweise an ihre Freunde, signalisierte ihnen damit, dass sie noch lebe.

Die „freie Assoziation“ ist in der Freud`schen Technik eine unentbehrliche Methode, das Unbewusste zu erforschen. Ein

[12] Telefonat am 29.5.2013

Analytiker könnte nun versucht sein, noch aus dem Abseitigen dieser Texte die Stimme des Unbewussten herauszuhören: vergeblich wird er danach suchen. Auch einem latenten, unbewussten Sinn entziehen sich diese Texte. Es sei denn, man sieht ihre Thematik in einer Fragmentierung der Welt – und, komplementär, des Selbst. „In der Schizophrenie zerbricht das soziale und konventionelle Beziehungsgefüge“, schrieb Leo Navratil[13]. „Es zerbricht damit die ratio, die Welt, die Realität, das Ich“. So zerfällt in Martinas Texten die logische Ordnung, der Satzbau zerbricht, bis dass sich gelegentlich nur noch lose Wortfolgen ergeben (Abb. 30). Dadurch, dass Zusammengehöriges getrennt, Unvereinbares verbunden wird, ergeben sich oft bizarre, originelle und wunderliche Wendungen und Neo-Logismen. Die Texte haben ihre „Erdung“ verloren. Martina drückte dies in einem poetischen Satz aus: „Die Künstler schwimmen in einem Fluss, der kein Wasser führt“ (Gespräch am 6.12.2015).

In der Schizophrenie geht die Beziehung zur Welt der Objekte verloren; es wird ein Bruch mit der Realität vollzogen. Dagegen steht der Versuch einer WIEDERGEWINNUNG der Objektwelt. Doch anstelle der verlorengegangenen OBJEKT-Vorstellungen werden nun nur die WORT-Vorstellungen eingefangen[14], quasi der SCHATTEN der Objekte. Er wird als ERSATZ für den Objektverlust genommen. Schattenspiele.

Nichts wollen die Worte meinen – außerhalb ihrer Lautgestalt: Schall und Rauch. Analog zur abstrakten Malerei hat Sprache keine abbildende Funktion, sondern wird rein formal als Lautmaterial verwendet. Wie in der modernen Malerei die Farbe sich nicht länger der Schilderung der Objektwelt unterordnete, verselbständigte sich hier der Lautklang des Wortes. Der gleichen Tendenz begegnen wir in der Musik, die nichts mehr ausdrücken und schildern will – als sich selbst.

---

[13] Ibid., S.161

[14] Sigmund Freud, Das Unbewusste, GW 10, S.302

Klapse
Kappe
tappe
sohlappe
Klospse
Knospe
Knopf
querfeld
gehopp
schändlich
verbockt
beklobbt
denharten
schädel
vernebelt
der Nebel
hockt
auf Dächern
inBäumen..
in Außenräumen
in Außenwänden
in idyllischen
Geländen
auchaufden
tzwar inAutost
Autosgar
selbstdie
Autos
rasen
in Nebelschwaden

3.11.15
MK

Abb. 30

Doch – müssen wir diese Texte VERSTEHEN? In unserer Sprachordnung hat Sprache vor allem einen „Tauschwert“: nichts darf unbekannt bleiben, nichts zweckfrei in einer Welt des Zweckes. Gisela Dischner – mit der Martina Anfang der 70er-Jahre befreundet war - insistiert auf einem Eigenleben der Sprache[15]: „Kann man denn dieser verhunzten, deformierten, prostituierten, versteinerten, zum bloßen Transportmittel reduzierten Sprache überhaupt wieder Leben einhauchen, ihr etwa die Unschuld zurückgeben, sie verjungfern, so jung und fern von aller Korrumpierung neu entwickeln, ent-falten? Sie FÜR SICH bestehen lassen, sie, die fast nur noch im Bezug zu einem anderen verstanden wird?“ Eine wahrhaft menschliche Sprache würde, wobei sie Marx zitiert, als „Wahnwitz oder Unverschämtheit“ ausgelegt und als „Flucht aus der Realität ins Chaos“, in die Anarchie kritisiert. Diese Poesiefeindlichkeit sei Ausdruck der Angst vor der Freiheit; Angst vor einer Welt, in der wir nicht mehr funktionieren müssen so wenig wie die Sprache. Martinas uns irritierende Texte verweigern die repräsentative Funktion. Indem sie spielerisch die Sprachgrenzen (wie auch die Bildgrenzen) übertreten, sprengen sie den Rahmen vereinbarter Verständlichkeit, indem sie die Sprache selbst sprechen lassen.[16]

Martinas Gedichte entstehen ihr quasi „unter der Hand“. „Wenn ich schreibe, bin ich weggetreten“, notierte sie in einem Text vom 14.2.2016. Ihr dichterisches Handeln erfolgt jenseits der Instrumentalisierung für bestimmte Zwecke. Erinnern wir nochmals an Batailles radikale Definition der Poesie: „Ist die Poesie nicht die Verfehlung par excellence, wagt sie sich doch in den Grenzbereich des ´Unmöglichen´ vor?“ Es sind bis zu zwölf Gedichte, die pro Tag entstehen. Die Methode ihres Schreibens lässt an das von den

[15] Gisela Dischner, Über die Unverständlichkeit. Zur Krise der Repräsentanz. In: G.Dischner, Ueber die Unverständlichkeit, Hildesheim 1982, S.113 ff.

[16] Gottfried Benn: „Es gibt nur zwei verbale Tendenzen: die mathematischen Lehrsätze und das Wort als Kunst. Alles andere ist Geschäftssprache, Bierbestellung“. Aus: Doppelleben

französischen Surrealisten entwickelte automatische Schreiben als künstlerische Technik denken. Sie nutzten ihre spontanen Notationen von Einfällen als Mittel der Inspiration und Selbst-Restitution.
Die Sinn-Simulation ihrer Texte lässt diese nicht ganz aufgehen in reine Lautpoesie. Doch steht Martina hier in einer Tradition, die in der deutschen Literatur zurückgeht auf die Dichter des Dada, auf Hugo Ball, Hans Arp und anderen. Im Unterschied zu Schwitters´ onomatopoetischen Gedichten wahrt Martina noch den Schein; doch wer sich vom scheinbaren Sinn anlocken lässt, stürzt in die Fallgrube des Nonsens. -
Unsinns-Poesie - Sinnverlust als Sinn? Aus neuerer Zeit sind hier Franz Mon, Gerhard Rühm, Oskar Pastior und Ernst Jandl zu nennen.

Martinas Texte sind vielfach in Zeichnungen eingeschrieben, die uns ein quasi „szenisches Verstehen“ nahelegen (Abb. 31). Es sind einsame weibliche Gestalten, beinahe körperlos. Der Körper ist auf seine Extremitäten reduziert. Die saugnapf-ähnlichen Fingerkuppen, zugleich ein die Zeichnung rhythmisierendes ästhetisches Element, greifen ins Leere. Ihren oft mit einer einzigen durchgehenden Linie gezeichneten Gestalten scheint das Zeichenblatt zu eng zu sein: sie füllen das Blatt aus, sind raumsprengend, wollen der Begrenzung des Blattes entrinnen. Sie müssen sich fügen; einfügen in die Rechtwinkligkeit des Blattes, das, bei aller Entgrenzung, die erste und letzte Ordnungs-Vorgabe bleibt.
Die Wort-Bild-Akrobatin Martina Kügler zeigt in ihren Texten eine Freiheit und Ungebundenheit, die sich der Entgrenzung in absoluter Einsamkeit verdankt. Eine Freiheit, der die Welt abhandenkam. Die Welt ging verloren; aber es bleiben ihr die Worte. Zitat Martina: „Das Wort ist am mächtigsten nur in der Einsamkeit“.-
Wie ganz anders aber sind ihre frühen Gedichte! Als Beispiel – hier ein Gedicht aus den Jahr 1975 (Abb. 32).
Dieser Text ist in sich konsistent, folgt einer logischen bzw. psychologischen Ordnung; er ist „welthaltig“. Ein Text, der während

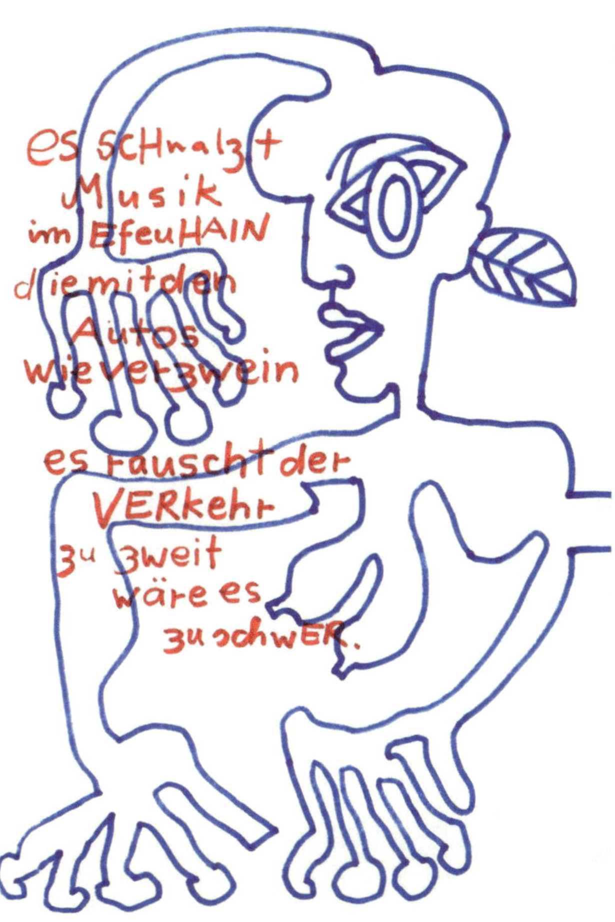
es SCHnalzt
Musik
im EfeuHAIN
die mit den
Autos
wie verzwein
es rauscht der
VERkehr
zu zweit
wäre es
zu schwER.

Abb. 31

Ich armer Mann
nur Laierkasten=
blütenschmetterling
ich armer Mann
nur Leierkasten
ich spielen kann
ich bin noch frei
im Herzen einer
Leierblütenorgel
die sich verfing
mein Herz in Holz, in Gold
das Mädchen aus dem
Herzen die Leierblume holt
ach armer Leierkastenmann
sag, daß es auch Blumen
regnen kann
auch wenn der Wind tot ist,
ist das pechrabenschwarze
Horn doch da.

Abb. 32

ihres Aufenthaltes in der Psychiatrie entstanden ist! Nicht nur, dass sie hier regelmäßig ihre Medikamente bekam: Konnte sie hier auch durch die sie umsorgenden Menschen „zur Welt finden“?

Gegen Ende ihres Lebens drohte Martina – infolge ihrer Zuckerkrankheit – zu erblinden. Zeichnen wurde ihr schwerer, doch geschrieben hat sie weiterhin. Sie rationalisierte diesen Verlust mit der Bekundung: „Malen kann auch ein Affe! Aber er kann keine Worte schreiben! Gezeichnete Sachen sind auch sehr schriftähnlich. Und Schreiben – das geht in die eigene Tiefenschicht“[17].

Doch auch hier – der Absturz, in dem einem selbst die Worte abhandenkommen und nur noch die leere Geste des Schreibens übrigbleibt (Abb. 33).

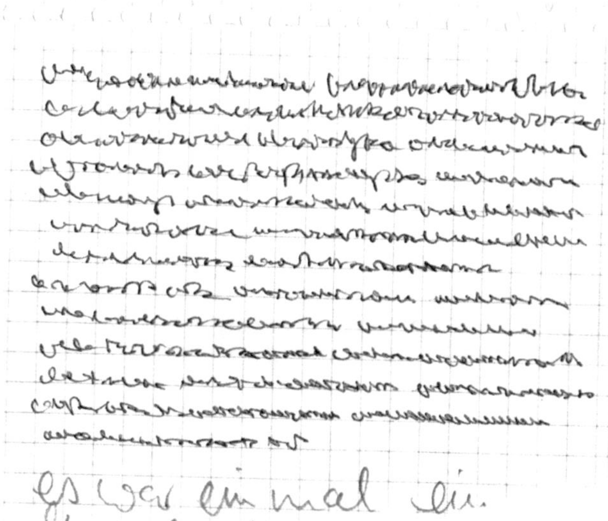

Abb. 33

[17] Telefonat am 24.4.2017

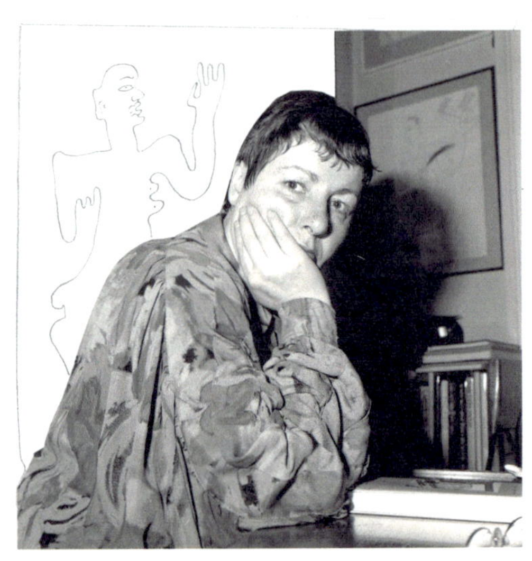

MARTINA KÜGLER

1945 geb. in Schreiberhau/ Schlesien;
1966 – 1972 Studium an der Städelschule in Frankfurt am Main bei Georg Geyger und Karl Bohrmann;
Gestorben am 9.12.2017

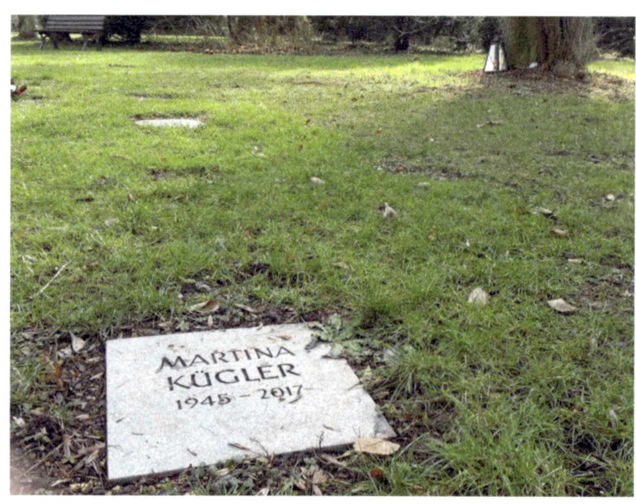

Publikationen:

- Karl Bohrmann (Hg.), 30 Offsetlithographien, München 1971
- Harald Szeemann, Katalog Junggesellenmaschinen, Venezia 1975
- M.Kügler, Zeichnungen, Ausstellungskatalog Kunstraum München, 1976
- Martina Kügler u. Paul Zita, Getrocknete Schleuder, München 1982
- "Fragmente" und Abb. in "Zauber und Blendung: Über Gefühle", Konkursbuch 10, Tübingen 1983
- Grätig Besohlt, 22 Offsetlithographien von Martina Kügler, München 1985
- Martina Kügler ,Kopf überm Dach, Text G.Bussmann, Heidelberg 1986
- Peter Weiermair (Hg), Frankfurter Kunstverein, Medium Zeichnung, 1986
- Illustrationen zu Bd.II der „Justine und Juliette“ von Sade, München 1991
- Art Frankfurt/ P.Weiermair (Hg.), Katalog Form und Funktion der Zeichnung heute, Frankfurt 1997
- Wolfgang Rothe, „Die Abweisung“, ein Erotikon Kafkas. Mit 15 Zeichnungen von Martina Kügler, Frankfurt 2014

In der **edition de l`œil**, Frankfurt, beziehbar über www.aspasia.de, erschienen bisher:

- Martina Kügler, Seifenblasen-Prelude - Gedichte und Zeichnungen 1975 – 1980, Mit einem Essay von Hans-Jürgen Döpp.
- MARTINA KÜGLER, Wortpflanzungen, 13 Farbpastell-Zeichnungen und Gedichte. Mit einem Essay von Maria Petras.
- MARTINA KÜGLER, "Im Stillstand erwacht Fantasie", 30 Zeichnungen aus dem Jahre 1972 und 3 Gedichte. Mit einem Essay von Hans-Jürgen Döpp.

- MARTINA KÜGLER, Himmelsveruntreuung, 13 Farbpastell-Zeichnungen und Texte. Mit einem Essay von Hans-Jürgen Döpp.
- MARTINA KÜGLER, Unfrisiertes Lachen, Neue Gedichte und Zeichnungen. Mit einem Essay von Hans-Jürgen Döpp.
- Martina Kügler, bestiarium eroticum, 25 Schlingpflanzen-Etuden. Mit einem Nachwort von Hans-Jürgen Döpp.
- Martina Kügler, ... inwendig voller Figur, Zeichnungen aus den 90er-Jahren. Herausgegeben und mit einem Nachwort versehen von Hans-Jürgen Döpp
- Martina Kügler, à SADE, 12 Farbkreidezeichnungen. Mit einem Nachwort von Hans-Jürgen Döpp, "Eine glühende Sadophonie".
- Marquis de Sade, DER MENSCH IST BÖSE - Lehren und Sprüche des Marquis de Sade - Mit Zeichnungen von Martina Kügler
- Martina Kügler, Irrlichter, - Unbändige Texte und Zeichnungen -, Mit einem Essay von Hans-Jürgen Döpp, "Spielen ohne Fesseln"
- Martina Kügler, Zerborstene Klangräume, - Zeichnungen und Texte aus dem Jahre 2015

- Martina Kügler, Tränen Fontänen, 20 Zeichnungen und Texte aus den Jahren 2015/2016, Hg. Hans-Jürgen Döpp
- Martina Kügler, Collagen 2009, - Mit einem Text von Adam Seide -, Hg. Hans-J.Döpp
- Martina Kügler, Quastenbabbler - Phantastische Zeichnungen und Gedichte -, Hg. Hans-J.Döpp
- Martina Kügler, Grillengezirpe, - Neue Zeichnungen und Texte-, Hg. Hans-Jürgen Döpp
- Martina Kügler, Plisch und Plum. Eine Hundegeschichte
- Martina Kügler, Frottagen
- Martina Kügler, Nachtschattenspiele – Aus dem zeichnerischen Werk, H. Hans-J.Döpp